OMÁN GAZDAG ÍZEI

100 recept az ománi konyha autentikus ízeinek ünneplésére

MIA LAKATOS

Copyright Anyag ©2023

Minden jog fenntartva

A kiadó és a szerzői jog tulajdonosának megfelelő írásos beleegyezése nélkül ennek a könyvnek egyetlen része sem használható fel vagy továbbítható semmilyen formában vagy módon, kivéve az ismertetőben használt rövid idézeteket. Ez a könyv nem helyettesítheti az orvosi, jogi vagy egyéb szakmai tanácsokat.

TARTALOMJEGYZÉK

TARTALOMJEGYZÉK 3
BEVEZETÉS 6
REGGELI 7
   1. Ománi kenyér (Khubz Ragag) 8
   2. Omani Chebab (palacsinta) 10
   3. Omani Shakshuka 12
   4. Omani Laban (joghurt) datolyával 14
   5. Omán kenyér omlett 16
   6. Omani Khabeesa 18
   7. Joghurtos és datolyás turmix 20
   8. ománi szardínia és burgonyahas 22
   9. Omani Ful Medames 24
   10. Ománi Sajt Paratha 26
   11. Omani Maldouf FlatBread 28
NAGYOK ÉS ELŐÉTELEK 30
   12. Válogatott datolyatál 31
   13. Omani Foul 33
   14. Samosa 35
   15. Omani Khubz (laposkenyér) chips 38
   16. Ománi datolya mandulával 40
   17. Ománi töltött szőlőlevelek (Warak Enab) 42
   18. Omani Lahm Bi Ajeen (húsos piték) 44
   19. Ománi Falafel 46
   20. Ománi spenót Fatayer 48
   21. Ománi grillezett Halloumi 50
FŐÉTEL 52
   22. Ománi zableves (Shorba) 53
   23. Qabuli (afgán rizspilaf) 55
   24. Ománi hagyományos Mashuai 57
   25. Mandi rizs csirkével 59
   26. Majboos (Ománi fűszerezett rizs csirkével) 61
   27. Hagyományos egyedényes csirkenyúl 63
   28. ománi nyúlnyúl 65
   29. Shawarma csirke 67
   30. Omani Shuwa 70
   31. Omani Mishkak 73
   32. Kabsa csirke 75
   33. Ománi Arsia 78
   34. Ománi csirke Biryani 81
   35. Omani Fish Curry (Salonat Samak) 84
   36. ománi bárány Kabsa 86
   37. Ománi Növényi Saloona 88
   38. ománi bárány Mandi 90

39. Ománi Bárány Kabuli 92
40. Omani Kofta cukkini szósszal 94
41. Madrouba 96
42. Csirke hagymával és kardamom rizzsel 99
43. Marhahúsgombóc Fava babbal és citrommal..102
44. Báránhúsgombóc borbolával, joghurttal és fűszernövényekkel 105
45. Árpa rizottó pácolt fetával 108
46. Sült csirke klementinnel 110
47. Mejadra 113
48. Kuszkusz paradicsommal és hagymával 116

LEVESEK..**118**
49. Sült sárgarépa leves dukka fűszerrel 119
50. Marak Samak (Ománi halászlé) 122
51. Shorbat Adas (Ománi lencseleves) 124
52. Shorbat Khodar (Ománi zöldségleves) 126
53. Lime csirke leves 128
54. Harira (Ománi fűszerezett csicseriborsóleves) 130
55. Shorbat Hab (Ománi lencse- és árpaleves) 132
56. Ománi Növényi Shurbah..134
57. Ománi paradicsomos halászlé 136
58. Omani-Balochi citromhal curry (Paplo) 138
59. Vízitorma és csicseriborsó leves rózsavízzel 140
60. Forró joghurt és árpaleves 142

SALÁTÁK..**144**
61. Ománi tenger gyümölcsei saláta 145
62. Ománi paradicsom-uborkasaláta 147
63. Ománi spenót és gránátalma saláta 149
64. ománi csicseriborsó saláta (Salatat Hummus) 151
65. Omani Tabbouleh saláta 153
66. Omani Fattoush saláta 155
67. Ománi karfiol, bab és rizs saláta 157
68. Ománi datolya és diósaláta 159
69. Ománi sárgarépa és narancs saláta 161
70. Omani Quinoa saláta 163
71. Ománi cékla és joghurtos saláta 165
72. Ománi káposzta saláta 167
73. Ománi lencsesaláta (Salatat hirdetések) 169

DESSZERT **171**
74. Omani rózsavíz puding (Mahalabiya) 172
75. Omani Halwa (édes zselés desszert) 174
76. Omani Mushaltat 176
77. Ománi datolya torta 179
78. Ománi Qamar al-Din puding 181
79. Kardamomos rizspuding 183
80. Omani Luqaimat (édes gombóc) 185
81. Ománi rózsa sütik (Qurabiya) 187

82. Ománi banán és datolya torta 189
83. Ománi sáfrányos fagylalt 191
84. Ománi krémkaramell (Muhallabia) 193
ITALOK **195**
85. Kasmír Kahwa 196
86. Ománi Sherbat 198
87. Ománi mentás limonádé (Limon w Nana) 200
88. Omani Sahlab 202
89. ománi tamarind lé (Tamar hindi) 204
90. Ománi rózsavíz limonádé 206
91. Omani Jallab 208
92. Ománi sáfránytej (Haleeb al-Za'fran) 210
93. Ománi banános datolyaturmix 212
94. Ománi Gránátalma Mocktail 214
95. Ománi sáfrányos limonádé 216
96. Ománi fahéjas datolya turmix 218
97. Ománi kókuszos kardamom shake 220
98. Omani menta zöld tea 222
99. Ománi narancsvirágos jeges tea 224
100. Ománi gránátalma menta hűtő 226
KÖVETKEZTETÉS **228**

BEVEZETÉS

Induljon el velünk egy figyelemre méltó utazásra a "Omán gazdag ízei" oldalain keresztül, egy kulináris ódüsszeia, amely az ománi konyha autentikus ízeinek felfedezésére és ízlelődésére csábít. Ez a szakácskönyv tisztelgés a Szultánság gazdag ízvilága előtt, egy vibráló mozaik, amely egybefonja az évszázadok során visszhangzó változatos kulináris hagyományokat.

Csukja be a szemét, és képzelje el a nyüzsgő piacokat, az ománi kulináris kultúra szívverését. Képzelje el az aromás fűszerpiacokat, ahol az illatok táncolnak a levegőben, és kápráztatják érzékeit a generációk óta dédelgetett, bonyolult fűszerkeverékek ígéreteivel. Képzelje el a családi konyhákat, ahol az ománi főzés alkímiája kibontakozik – egy szent teret, ahol az ételek művészi alkotása az idők során, nemzedékről nemzedékre öröklődik.

Ennek a szakácskönyvnek az oldalain minden recept élő tanúja a mélyen gyökerező hagyományoknak, amelyek minden ételt átitatnak narratívával. Ez az örökség története, egy óda a közösséghez, és annak a mélységes szeretetnek az ünnepe, amely minden ízletes falat elkészítéséhez szükséges. Az ománi ízek több mint egy ízélmény; a kulturális gazdagság felfedezése, utazás egy nemzet szívébe, amelyet kulináris alkotásaikon keresztül mesélnek el.

Az ománi fűszerek jellegzetes aromáitól, amelyek a nyüzsgő piacokra visznek, a hagyományos ételek művészi bemutatásáig, amelyek az összejövetelekről és a közös étkezésekről mesélnek, ez a szakácskönyv túlmutat a hétköznapokon. Ez nem csak egy recept-összeállítás; ez egy magával ragadó kulturális felfedezés, egy utazás az ománi konyhák lelkébe.

Legyen Ön egy tapasztalt séf, aki repertoárját szeretné bővíteni, vagy egy kíváncsi újonc, aki szívesen elmélyül az ománi ízek világában, ez a könyv legyen a vezértárs.

Tehát csatlakozzon hozzánk ezen az ízletes expedíción – egy utazáson, amely az ománi konyha hitelessége, sokszínűsége és páratlan ízei előtt tiszteleg. Legyen konyhája vászon azoknak az illatoknak és ízeknek, amelyek generációk óta díszítik az ománi háztartásokat. Ünnepeljük együtt a kulináris sokszínűség szépségét, és az „Omán gazdag ízei"-en keresztüli utazása tele legyen az ománi vendégszeretet melegével és azzal az örömmel, amely e rendkívüli kulináris örökség szívének és lelkének felfedezéséből fakad. Üdvözöljük egy olyan világban, ahol minden étel egy fejezet az ománi ízek történetében.

REGGELI

1.ományi kenyér (Khubz Ragag)

ÖSSZETEVŐK:
- 2 csésze liszt
- 1 teáskanál só
- Víz

UTASÍTÁS:
a) Egy nagy tálban keverjük össze a lisztet és a sót, keverjük össze.
b) Fokozatosan adjunk hozzá vizet a lisztes keverékhez, biztosítva az alapos keveredést. Állítsa be a víz mennyiségét a kívánt végső állag alapján:
c) Vékony, palacsintaszerű kenyérhez adjunk hozzá egy csésze vizet, és folytassuk addig, amíg az állaga vékonyabb lesz, mint a palacsintatészta, és hagyja, hogy egy serpenyőre öntse.
d) Sűrűbb, pitaszerű kenyérhez először adjon hozzá körülbelül ½ csésze vizet, hogy a hagyományos kenyértésztához hasonló vastagságú tészta legyen. További vízre lehet szükség, de fokozatosan adjuk hozzá, és alaposan gyúrjuk össze a szükségesség megerősítése érdekében.
e) Melegíts fel egy nagy serpenyőt, lehetőleg fűszerezett öntöttvasat, közepesen magas lángon.
f) Ha vékonyabb tésztát használunk, öntsük a tepsibe, és kavargassuk, hogy vékonyan bevonja a felületet. Megjegyzés: Ezzel a módszerrel egyszerre csak egy kenyér készíthető.
g) Ha vastagabb tésztát használunk, akkor csipkedjünk belőle kis golyókat, és a tepsibe helyezés előtt tenyerünkkel lapítsuk el. Ezzel a módszerrel egyszerre több kenyér is süthető, méretüktől függően.
h) A vékonyabb változathoz körülbelül egy percig főzzük. Miután a közepe megszilárdul, egy spatulával fordítsa meg további 30 másodpercig. Tegyük át egy tányérra, és ismételjük meg a folyamatot a maradék tésztával.
i) A vastagabb változathoz egy percnél tovább főzzük. Amikor a szélek kezdenek megkeményedni, lapáttal megfordítjuk, és további 30 másodperctől 1 percig sütjük. Ha kész, tegyük egy tányérra, és ismételjük meg a maradék tésztával.
j) Az ománi kenyeret melegen tálaljuk, önmagában vagy kiegészítő ételek mellé. Élvezd!

2.Omani Chebab (palacsinta)

ÖSSZETEVŐK:

- 2 csésze liszt
- 1/2 csésze búzadara
- 1/2 csésze cukor
- 1/2 teáskanál élesztő
- 2 csésze meleg víz
- Ghi főzéshez

UTASÍTÁS:

a) Egy tálban keverjük össze a lisztet, a búzadarát, a cukrot, az élesztőt és a meleg vizet, hogy tésztát kapjunk. Hagyjuk pihenni egy órát.
b) Melegíts fel egy serpenyőt vagy serpenyőt, és kend meg ghível.
c) Öntsön egy merőkanál tésztát a rácsra, és süsse addig, amíg buborékok jelennek meg a felületén.
d) A palacsintát megfordítjuk, és a másik oldalát is aranybarnára sütjük.
e) Melegen, mézzel vagy datolyaszörppel tálaljuk.

3. Omani Shakshuka

ÖSSZETEVŐK:

- 4 tojás
- 1 hagyma, finomra vágva
- 2 paradicsom, felkockázva
- 2 gerezd fokhagyma, felaprítva
- 1 piros kaliforniai paprika, apróra vágva
- 1 zöld chili, apróra vágva
- Ománi fűszerkeverék
- Só és bors, ízlés szerint
- Friss koriander, apróra vágva

UTASÍTÁS:

a) Egy serpenyőben puhára pároljuk a hagymát, a fokhagymát, a kaliforniai paprikát és a zöld chilit.
b) Adjuk hozzá a kockára vágott paradicsomot és az ománi fűszerkeveréket. Addig főzzük, amíg a paradicsom meg nem puhul.
c) A masszába mélyedéseket készítünk, és beleütjük a tojásokat.
d) Fedjük le a serpenyőt, és addig főzzük, amíg a tojás ízlésünk szerint meg nem sül.
e) Tálalás előtt fűszerezzük sóval, borssal és friss korianderrel.

4.Omani Laban (joghurt) datolyával

ÖSSZETEVŐK:
- 2 csésze natúr joghurt
- 1/2 csésze datolya, kimagozva és apróra vágva
- 2 evőkanál méz
- Mandula vagy dió, apróra vágva (elhagyható)
- Őrölt kardamom, az ízért

UTASÍTÁS:
a) A natúr joghurtot simára keverjük.
b) Hozzákeverjük az apróra vágott datolyát és a mézet.
c) Díszítsük apróra vágott dióval és egy megszórt őrölt kardamommal.
d) Tálalás előtt tegyük hűtőbe egy kicsit, hogy frissítő ízt kapjunk.

5.Omán kenyér omlett

ÖSSZETEVŐK:

- 4 ománi kenyér (Rukhal)
- 4 tojás
- 1/2 csésze kockára vágott hagyma
- 1/2 csésze kockára vágott paradicsom
- 1/4 csésze apróra vágott petrezselyem
- Só és bors, ízlés szerint

UTASÍTÁS:

a) A tojásokat egy tálba verjük, sóval, borssal ízesítjük.
b) Egy serpenyőt felforrósítunk, hozzáadjuk a felkockázott hagymát és a paradicsomot, puhára pároljuk.
c) A felvert tojást ráöntjük a zöldségekre, és addig főzzük, amíg a széle megpuhul.
d) Szórjuk meg az apróra vágott petrezselymet, és hajtsuk össze az omlettet.
e) Az omlettet az ománi kenyérben tálaljuk.

6. Omani Khabeesa

ÖSSZETEVŐK:

- 2 csésze búzadara
- 1 csésze cukor
- 1/2 csésze ghí
- 1 csésze joghurt
- 1 teáskanál őrölt kardamom
- 1/2 csésze mazsola (elhagyható)
- Víz, szükség szerint

UTASÍTÁS:

a) Egy tálban keverjük össze a búzadarát, a cukrot, a ghit, a joghurtot és az őrölt kardamomot.
b) Fokozatosan adjunk hozzá vizet, hogy sűrű tésztát kapjunk.
c) Melegíts fel egy serpenyőt, és önts kis adagokat a tésztából palacsintához.
d) Addig sütjük, amíg mindkét oldala aranybarna nem lesz.
e) Ízlés szerint mazsolával díszítjük.
f) Melegen tálaljuk.

7.Joghurtos és datolyás turmix

ÖSSZETEVŐK:
- 1 csésze kimagozott datolya
- 1 csésze joghurt
- 1/2 csésze tej
- 1 evőkanál méz
- Jégkockák

UTASÍTÁS:
a) Turmixgépben keverje össze a kimagozott datolyát, a joghurtot, a tejet és a mézet.
b) Keverjük simára.
c) Adjunk hozzá jégkockákat, és keverjük újra, amíg a turmix el nem éri a kívánt állagot.
d) Poharakba töltjük és kihűtve tálaljuk.

8.ománi szardínia és burgonyahas

ÖSSZETEVŐK:
- 2 doboz szardínia olajban, lecsepegtetve
- 3 közepes burgonya, meghámozva és felkockázva
- 1 hagyma, finomra vágva
- 2 paradicsom, felkockázva
- 2 gerezd fokhagyma, felaprítva
- 1 teáskanál őrölt kömény
- 1 teáskanál őrölt koriander
- Só és bors, ízlés szerint
- Olívaolaj főzéshez
- Friss koriander díszítéshez

UTASÍTÁS:
a) Egy serpenyőben olívaolajat hevítünk, és az apróra vágott hagymát és fokhagymát puhára pároljuk.
b) Hozzáadjuk a kockára vágott burgonyát, és addig főzzük, amíg el nem kezd barnulni.
c) Keverje hozzá az őrölt köményt, őrölt koriandert, sót és borsot.
d) Hozzáadjuk a kockára vágott paradicsomot, és addig főzzük, amíg össze nem törik.
e) Óvatosan beleforgatjuk a szardíniát, vigyázva, hogy ne törjük össze nagyon.
f) Addig főzzük, amíg a burgonya megpuhul és az ízek összeolvadnak.
g) Tálalás előtt díszítsük friss korianderrel.

9.Omani Ful Medames

ÖSSZETEVŐK:

- 2 csésze főtt fava bab
- 1/4 csésze olívaolaj
- 1 hagyma, finomra vágva
- 2 gerezd fokhagyma, felaprítva
- 1 paradicsom, felkockázva
- 1 teáskanál őrölt kömény
- 1 teáskanál őrölt koriander
- Só és bors, ízlés szerint
- Friss petrezselyem a díszítéshez
- Kemény tojás a tálaláshoz (elhagyható)
- Lapos kenyér vagy pita a tálaláshoz

UTASÍTÁS:

a) Egy serpenyőben olívaolajat hevítünk, és az apróra vágott hagymát és fokhagymát puhára pároljuk.
b) Hozzáadjuk a kockára vágott paradicsomot, és addig főzzük, amíg össze nem törik.
c) Keverje hozzá az őrölt köményt, őrölt koriandert, sót és borsot.
d) Adjuk hozzá a megfőtt fava babot, és főzzük, amíg át nem melegszik.
e) A bab egy részét pépesítse, hogy krémes állagot kapjon.
f) Díszítsük friss petrezselyemmel.
g) Ízlés szerint kemény tojással, laposkenyérrel vagy pitával tálaljuk.

10.Ománi Sajt Paratha

ÖSSZETEVŐK:
- 2 csésze univerzális liszt
- 1 csésze reszelt ománi sajt (például Majestic vagy Akkawi)
- Víz, szükség szerint
- Ghee vagy vaj, sütéshez

UTASÍTÁS:
a) Egy tálban összekeverjük a lisztet és a reszelt sajtot.
b) Fokozatosan adjunk hozzá vizet, hogy lágy tésztát kapjunk.
c) A tésztát kis golyókra osztjuk, és mindegyiket vékony, lapos korongokká sodorjuk.
d) Süssük a parathákat egy rácson ghíben vagy vajban, amíg mindkét oldaluk aranybarna nem lesz.
e) Melegen tálaljuk.

11. Omani Maldouf FlatBread

ÖSSZETEVŐK:

- 2 csésze teljes kiőrlésű liszt
- Só ízlés szerint
- 1/4 csésze ghí (tisztított vaj) sekély sütéshez
- Víz Tészta dagasztásához
- 8-14 1/2 csésze lágy datolya
- 1 csésze forrásban lévő víz

UTASÍTÁS:

a) Áztassa a kimagozott datolyát 1 csésze forrásban lévő vízben 2-3 órára, vagy amíg megpuhul.
b) A megpuhult datolyát szűrővel vagy finom hálóval pürésítjük. Szükség lehet egy turmixgépre a turmixoláshoz, ha nem túl puha.
c) A pürésített datolyát összekeverjük sóval, 1 evőkanál ghível és liszttel, és lágy tésztát gyúrunk.
d) A tésztát legalább 20 percig pihentetjük.
e) A tésztát egyforma vagy citromméretű golyókra osztjuk.
f) Tekerje fel mindegyiket, hogy 5-6 hüvelyk hosszúságú laposkenyér/paratha/kör alakú korongot/vagy tetszőleges formát formázzon.
g) Sekélyen sütjük mindegyiket ghee-vel, amíg mindkét oldaluk meg nem fő. Mivel a tésztában datolya van, nagyon gyorsan megsül.

NAGYOK ÉS ELŐÉTELEK

12.Válogatott datolyatál

ÖSSZETEVŐK:

- 4-5 csésze kimagozott ománi datolya vagy bármilyen fajta
- 1/2 csésze pirított napraforgómag
- 1/2 csésze pirított tökmag
- 1/2 csésze pörkölt fehér szezámmag
- 1/2 csésze pirított fekete szezámmag
- 1/2 csésze pörkölt földimogyoró

UTASÍTÁS:

a) Mossa meg és szárítsa meg az összes datolyát. Győződjön meg arról, hogy szárazak és nedvességmentesek.

b) Minden datolya közepén réseket készítsen, és távolítsa el a magokat. Dobja el a magokat.

c) Töltsük meg minden datolya közepét pirított napraforgómaggal, tökmaggal, fehér szezámmaggal, fekete szezámmaggal és földimogyoróval.

d) Helyezze el a töltött datolyát egy nagy tányéron, így könnyen hozzáférhetővé és látványossá teszi őket.

e) Tárolja a válogatott datolyákat légmentesen záródó dobozokban a hűtőszekrényben.

13.Omani Foul

ÖSSZETEVŐK:
- 2 doboz fava bab, lecsepegtetve és leöblítve
- 2 gerezd fokhagyma, felaprítva
- 1/4 csésze olívaolaj
- 1 citrom leve
- Só és bors, ízlés szerint
- Díszítésnek apróra vágott petrezselyem
- Ománi kenyér (Rukhal), tálaláshoz

UTASÍTÁS:
a) Egy serpenyőben a darált fokhagymát olívaolajon illatosra pároljuk.
b) Adjuk hozzá a fava babot, és főzzük, amíg át nem melegszik.
c) A babot villával enyhén pépesítjük.
d) Ízesítsük citromlével, sóval, borssal.
e) Díszítsük apróra vágott petrezselyemmel.
f) Ománi kenyérrel tálaljuk.

14.Samosa

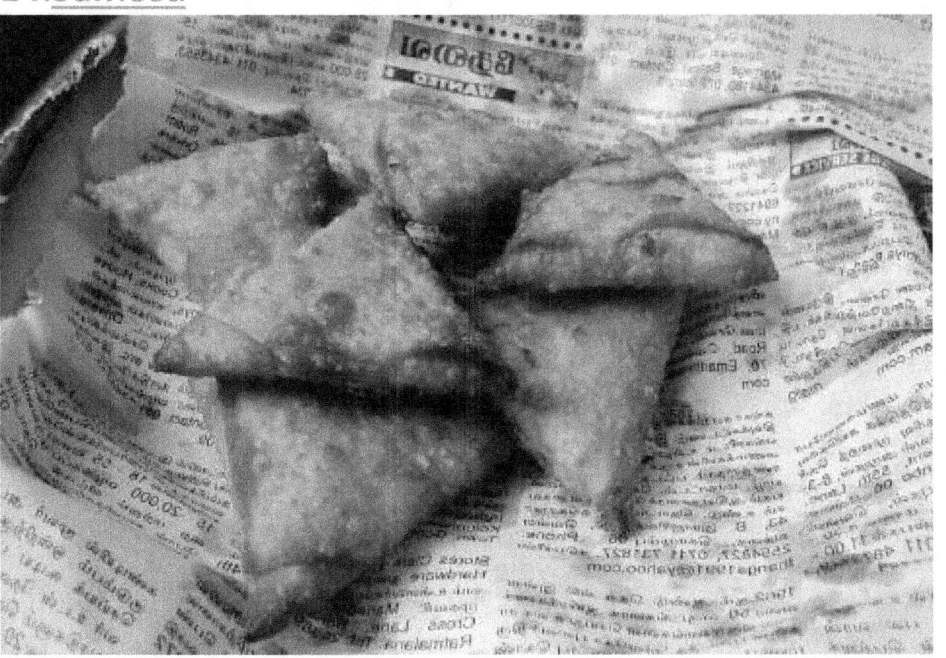

ÖSSZETEVŐK:

Samosa tésztához:
- 2 csésze univerzális liszt (maida) (260 gramm)
- 1 teáskanál ajwain (carom mag)
- 1/4 teáskanál só
- 4 evőkanál + 1 teáskanál olaj (60 ml + 5 ml)
- Víz a tészta dagasztásához (kb. 6 evőkanál)

Samosa töltelékhez:
- 3-4 közepes burgonya (500-550 gramm)
- 2 evőkanál olaj
- 1 teáskanál köménymag
- 1 teáskanál édesköménymag
- 2 teáskanál zúzott koriandermag
- 1 teáskanál finomra vágott gyömbér
- 1 zöld chili, apróra vágva
- 1/4 teáskanál csukló (asafoetida)
- 1/2 csésze + 2 evőkanál zöldborsó (meleg vízbe áztatva, ha fagyasztva használjuk)
- 1 teáskanál koriander por
- 1/2 teáskanál garam masala
- 1/2 teáskanál amchur (szárított mangópor)
- 1/4 teáskanál piros chili por (vagy ízlés szerint)
- 3/4 teáskanál só (vagy ízlés szerint)
- Olaj a rántáshoz

UTASÍTÁS:

Samosa tésztát készítünk:
a) Egy nagy tálban keverje össze az univerzális lisztet, az ajwaint és a sót.
b) Adjunk hozzá olajat és dörzsöljük el a lisztet az olajjal, amíg morzsa nem lesz. Ennek 3-4 percig kell tartania.
c) Fokozatosan adjuk hozzá a vizet, dagasztjuk, hogy kemény tésztát kapjunk. Ne dolgozza túl a tésztát; csak össze kellene jönnie.
d) Fedjük le a tésztát nedves ruhával, és hagyjuk 40 percig pihenni.

Készítsünk burgonya tölteléket:
e) Főzzük készre a burgonyát (8-9 síp, ha főzőlapos gyorsfőzőt használunk, vagy 12 percig nagy nyomáson Instant Potban).
f) A burgonyát meghámozzuk és pépesítjük.
g) Egy serpenyőben olajat hevítünk, és hozzáadjuk a köménymagot, az édesköménymagot és a zúzott koriandermagot. Pároljuk, amíg aromás lesz.
h) Adjuk hozzá az apróra vágott gyömbért, a zöld chilit, a csigát, a főtt és tört burgonyát és a zöldborsót. Jól összekeverni.
i) Adjuk hozzá a korianderport, a garam masala-t, az amchur-t, a vörös chili port és a sót. Addig keverjük, amíg jól beépül. Levesszük a tűzről, és hagyjuk kihűlni a tölteléket.

A Samosa formázása és megsütése:
j) Miután a tésztát pihent, 7 egyenlő részre osztjuk.
k) Az egyes részeket 6-7 hüvelyk átmérőjű körré tekerjük, és két részre vágjuk.
l) Vegyünk egy részt, vigyünk fel vizet az egyenes szélére, és formáljunk kúpot. Megtöltjük 1-2 evőkanál burgonya töltelékkel.
m) Zárja le a samosa-t úgy, hogy megcsípje a széleit. Ismételje meg a maradék tésztával.
n) Melegítsen olajat alacsony lángon. Alacsony lángon süssük a szamosát keményre és világosbarnára (10-12 perc). Növelje a hőt közepesre, és süsse aranybarnára.
o) Egyszerre 4-5 szamosát sütünk, és minden adag körülbelül 20 percig tart alacsony lángon.

15.Omani Khubz (laposkenyér) chips

ÖSSZETEVŐK:

- 4 ománi lapos kenyér (Khubz)
- 2 evőkanál olívaolaj
- 1 teáskanál őrölt kömény
- 1 teáskanál paprika
- Só ízlés szerint

UTASÍTÁS:

a) Melegítse elő a sütőt 180 °C-ra (350 °F).
b) A lapos kenyereket megkenjük olívaolajjal, és megszórjuk köménnyel, paprikával és sóval.
c) A lapos kenyereket háromszögekre vagy csíkokra vágjuk.
d) Süssük a sütőben 10-12 percig, vagy amíg ropogós nem lesz.
e) Tálalás előtt hűtsük le.

16.Ománi datolya mandulával

ÖSSZETEVŐK:
- Friss datolya
- Mandula egészben vagy félbevágva

UTASÍTÁS:
a) A datolyát kis bemetszéssel és a mag eltávolításával kimagozzuk.
b) Helyezzen egy egész mandulát vagy a felét a mag által hagyott üregbe.

17. Ománi töltött szőlőlevelek (Warak Enab)

ÖSSZETEVŐK:

- Szőlőlevél, tégelyben vagy frissen
- 1 csésze rizs, megmosva
- 1/2 csésze darált hús (marha vagy bárány)
- 1/4 csésze fenyőmag
- 1/4 csésze apróra vágott friss petrezselyem
- 1 citrom leve
- Só és bors, ízlés szerint
- Olivaolaj

UTASÍTÁS:

a) Ha friss szőlőlevelet használ, blansírozza néhány percig forrásban lévő vízben.
b) Egy tálban keverjük össze a rizst, a darált húst, a fenyőmagot, a petrezselymet, a citromlevet, a sót és a borsot.
c) Helyezzen egy kanál keveréket minden szőlőlevél közepére, és hajtsa egy kis csomagba.
d) A megtöltött szőlőleveleket egy edénybe tesszük, meglocsoljuk olívaolajjal, és annyi vízzel felöntjük, hogy ellepje.
e) Addig pároljuk, amíg a rizs meg nem fő és a levelei megpuhulnak.
f) Melegen tálaljuk.

18.Omani Lahm Bi Ajeen (húsos piték)

ÖSSZETEVŐK:

- 2 csésze darált hús (marha vagy bárány)
- 1 nagy hagyma, apróra vágva
- 2 paradicsom, felkockázva
- 1/4 csésze apróra vágott friss petrezselyem
- 1 teáskanál őrölt kömény
- 1 teáskanál őrölt koriander
- Só és bors, ízlés szerint
- Pizza tészta vagy kész tésztalapok

UTASÍTÁS:

a) Egy serpenyőben megdinszteljük a hagymát, amíg átlátszó nem lesz.
b) Hozzáadjuk a darált húst, és barnára sütjük.
c) Hozzákeverjük a kockára vágott paradicsomot, az apróra vágott petrezselymet, az őrölt köményt, az őrölt koriandert, a sót és a borsot.
d) A pizzatésztát vagy a tésztalapokat kinyújtjuk, és karikákra vágjuk.
e) Tegyünk egy kanál húskeveréket mindegyik körre, hajtsuk félbe, és zárjuk le a széleit.
f) Süssük aranybarnára.
g) Melegen tálaljuk.

19.Ománi Falafel

ÖSSZETEVŐK:

- 2 csésze áztatott és lecsepegtetett csicseriborsó
- 1 kisebb hagyma, apróra vágva
- 3 gerezd fokhagyma, felaprítva
- 1/4 csésze friss petrezselyem, apróra vágva
- 1 teáskanál őrölt kömény
- 1 teáskanál őrölt koriander
- Só és bors, ízlés szerint
- Olaj a sütéshez

UTASÍTÁS:

a) Aprítógépben turmixoljuk össze a csicseriborsót, a hagymát, a fokhagymát, a petrezselymet, a köményt, a koriandert, a sót és a borsot, amíg durva keveréket nem kapunk.
b) A keverékből kis golyókat vagy pogácsákat formázunk.
c) Egy serpenyőben olajat hevítünk, és mindkét oldalát aranybarnára sütjük.
d) Papírtörlőn lecsepegtetjük.
e) Forrón tálaljuk tahini szósszal vagy joghurttal.

20.Ománi spenót Fatayer

ÖSSZETEVŐK:

- 2 csésze apróra vágott spenót
- 1 kis hagyma, apróra vágva
- 1/4 csésze fenyőmag
- 1 evőkanál olívaolaj
- 1 teáskanál őrölt szömörce
- Só és bors, ízlés szerint
- Pizza tészta vagy kész tésztalapok

UTASÍTÁS:

a) A hagymát olívaolajon áttetszővé pároljuk.
b) Adjuk hozzá az apróra vágott spenótot, és főzzük, amíg meg nem fonnyad.
c) Keverje hozzá a fenyőmagot, őrölt szömörcet, sót és borsot.
d) A pizzatésztát vagy a tésztalapokat kinyújtjuk, és karikákra vágjuk.
e) Tegyünk egy-egy kanál spenótos keveréket minden körre, hajtsuk félbe, és zárjuk le a széleit.
f) Süssük aranybarnára.
g) Melegen tálaljuk.

21.Ománi grillezett Halloumi

ÖSSZETEVŐK:

- 1 blokk halloumi sajt, szeletelve
- 2 evőkanál olívaolaj
- 1 teáskanál szárított oregánó
- 1 citrom leve

UTASÍTÁS:

a) Melegíts fel egy grillserpenyőt vagy egy grillserpenyőt.
b) A halloumi szeleteket megkenjük olívaolajjal.
c) A halloumit mindkét oldalán aranybarnára sütjük.
d) Megszórjuk szárított oregánóval és meglocsoljuk citromlével.
e) Forrón tálaljuk harapnivalóként vagy előételként.

FŐÉTEL

22.Ománi zableves (Shorba)

ÖSSZETEVŐK:

- 1 csésze hengerelt zab
- 1/2 csésze apróra vágott zöldség (sárgarépa, borsó, bab)
- 1/4 csésze apróra vágott hagyma
- 2 gerezd fokhagyma, felaprítva
- 1 teáskanál őrölt kömény
- 4 csésze csirke- vagy zöldségleves
- Só és bors, ízlés szerint

UTASÍTÁS:

a) Egy lábosban puhára pároljuk a hagymát és a fokhagymát.
b) Hozzáadjuk az apróra vágott zöldségeket, és pár percig főzzük.
c) Hozzákeverjük a zabot és az őrölt köményt.
d) Felöntjük a húslevessel, és felforraljuk.
e) Addig pároljuk, amíg a zab meg nem fő, és a leves besűrűsödik.
f) Sózzuk, borsozzuk.
g) Forrón tálaljuk.

23.Qabuli (afgán rizspilaf)

ÖSSZETEVŐK:
- 2 csésze basmati rizs
- 1 kg bárány vagy csirke, felkockázva
- 1 nagy hagyma, apróra vágva
- 1/2 csésze növényi olaj
- 1/2 csésze mazsola
- 1/2 csésze szeletelt mandula
- 1/2 csésze reszelt sárgarépa
- 1/2 teáskanál őrölt kardamom
- 1/2 teáskanál őrölt fahéj
- 1/2 teáskanál őrölt kömény
- Só és bors ízlés szerint
- 4 csésze csirkehúsleves vagy víz

UTASÍTÁS:
a) Öblítse le a basmati rizst hideg víz alatt, amíg a víz tiszta nem lesz. Áztassuk a rizst 30 percre vízbe, majd csepegtessük le.
b) Egy nagy edényben közepes lángon hevítsük fel a növényi olajat. Hozzáadjuk az apróra vágott hagymát, és aranybarnára sütjük.
c) Adjuk hozzá a kockára vágott bárányt vagy csirkét az edénybe, és pirítsuk meg minden oldalát. Sóval, borssal, őrölt kardamommal, őrölt fahéjjal és őrölt köménnyel ízesítjük.
d) Hozzákeverjük a reszelt sárgarépát, a mazsolát és a mandulát. Főzzük további 5 percig, hogy az ízek összeérjenek.
e) Adjuk hozzá az áztatott és lecsöpögtetett basmati rizst az edénybe, óvatosan keverjük össze, hogy a húshoz és a zöldségekhez keveredjen.
f) Felöntjük a csirkelevessel vagy vízzel. Forraljuk fel a keveréket, majd csökkentsük a hőt alacsonyra. Fedjük le az edényt szorosan záródó fedéllel, és pároljuk 20-25 percig, vagy amíg a rizs megpuhul és a folyadék felszívódik.
g) Miután a Qabuli megfőtt, villával bolyhosítsa a rizst, hogy elválassza a szemeket.
h) A Qabulit forrón tálaljuk, ízlés szerint további szeletelt mandulával és mazsolával díszítve. Jól illik joghurthoz vagy körethez. Élvezze az ízletes afgán rizspilafot!

24.Ománi hagyományos Mashuai

ÖSSZETEVŐK:

- 4 Kingfish
- 1 evőkanál olívaolaj
- 2 evőkanál fokhagyma paszta
- 1 tk gyömbér paszta
- 1 tk őrölt kömény
- 1 citromlé
- 1/2 teáskanál őrölt kurkuma
- 1/2 teáskanál őrölt kardamon
- 1/2 teáskanál őrölt fekete bors
- 1/4 teáskanál őrölt szerecsendió

UTASÍTÁS:

a) Tisztítsa meg a Fish és Score mindkét oldalán.
b) Az összes hozzávalót egy tálba keverjük, és a halra kenjük.
c) Hagyja a halat pácolódni legalább 3 órán keresztül.
d) Sütőtepsire tesszük, és 200 fokra előmelegített sütőben 20 percig sütjük. Vagy grillezhetsz szénnel.
e) Ománi citromos rizzsel tálaljuk.

25.Mandi rizs csirkével

ÖSSZETEVŐK:

- 2 csésze basmati rizs
- 500 g csirke darabokra vágva
- Ománi fűszerkeverék (fahéj, kardamom, szegfűszeg és fekete lime keveréke)
- 1 nagy hagyma, szeletelve
- 1/4 csésze ghí
- Só ízlés szerint
- Mandula és mazsola a díszítéshez

UTASÍTÁS:

a) Dörzsölje be a csirkét ománi fűszerkeverékkel, és hagyja pácolódni legalább 30 percig.
b) Egy nagy fazékban a felszeletelt hagymát ghíben aranybarnára pároljuk.
c) A pácolt csirkét beletesszük az edénybe, és barnára sütjük.
d) Keverje hozzá a rizst, az ománi fűszerkeveréket és a sót. Főzzük néhány percig.
e) Adjunk hozzá vizet a rizscsomagolási utasítás szerint, és főzzük addig, amíg a rizs elkészül.
f) Tálalás előtt pirított mandulával és mazsolával díszítjük.

26.Majboos (Ománi fűszerezett rizs csirkével)

ÖSSZETEVŐK:

- 2 csésze basmati rizs
- 500 g csirke darabokra vágva
- 2 hagyma, apróra vágva
- 3 paradicsom, apróra vágva
- 4 gerezd fokhagyma, felaprítva
- 1/4 csésze növényi olaj
- 2 evőkanál ománi fűszerkeverék (kömény, koriander, fahéj, szegfűszeg, kardamom keveréke)
- Só és bors, ízlés szerint
- 4 csésze csirkehúsleves

UTASÍTÁS:

a) Egy nagy edényben a hagymát és a fokhagymát növényi olajon aranybarnára pároljuk.
b) Hozzáadjuk a csirkedarabokat, és minden oldalukat megpirítjuk.
c) Keverje hozzá az ománi fűszerkeveréket, sót és borsot.
d) Adjuk hozzá az apróra vágott paradicsomot, és főzzük, amíg megpuhul.
e) Felöntjük a csirkehúslevessel, és felforraljuk.
f) Keverje hozzá a rizst, csökkentse a hőt, fedje le és párolja, amíg a rizs meg nem fő.
g) Forrón tálaljuk.

27.Hagyományos egyedényes csirkenyúl

ÖSSZETEVŐK:

- 2 csésze nyúl (búzaszem)
- 1 kg (2 font) csirke, kicsontozva
- 2 rúd fahéj
- 1 teáskanál fekete bors por
- Só ízlés szerint
- Olvasztott vaj vagy olívaolaj

UTASÍTÁS:

a) Kezdje azzal, hogy egy éjszakán át áztassa a búzaszemeket, hagyja, hogy felszívják a vizet és megpuhuljanak.
b) Egy nagy lábasban keverjük össze a beáztatott búzát, a kicsontozott csirkét, a fahéjrudakat, a feketeborsport, a sót és annyi vizet, hogy ellepje a hozzávalókat. Forraljuk fel a keveréket.
c) Hagyja a keveréket főni, amíg a mezei nyúl el nem éri a vizes állagot. Fontos, hogy néhány percenként keverje meg az alját, hogy ne égjen le. Ez a folyamat bizonyos időt vesz igénybe a megfelelő főzés érdekében.
d) Ha megsült, botmixerrel turmixold össze a tartalmat. A cél a texturált állag elérése, nem pedig a finom paszta. Hagyja kissé szemcséssé a textúra növelése érdekében.
e) Forrón tálaljuk a Harees-t, és olvasztott vajat vagy olívaolajat csepegtetünk a tetejére a gazdagság és az íz fokozása érdekében.

28.ománi nyúlnyúl

ÖSSZETEVŐK:

- 1 csésze búza, egy éjszakán át áztatva
- 1 kg halfilé (snapper vagy kingfish)
- 2 nagy hagyma, apróra vágva
- 4 gerezd fokhagyma, felaprítva
- 1/4 csésze ghí
- 1 teáskanál őrölt kurkuma
- Só és bors, ízlés szerint
- Víz

UTASÍTÁS:

a) A beáztatott búzát lecsepegtetjük, és durva pépesre daráljuk.
b) Egy lábosban a hagymát és a fokhagymát ghíben aranybarnára pároljuk.
c) Hozzáadjuk a halfilét, és mindkét oldalát megpirítjuk.
d) Keverje hozzá az őrölt kurkumát, sót és borsot.
e) Felöntjük annyi vízzel, hogy ellepje a keveréket.
f) Adjuk hozzá a búzapürét, és lassú tűzön főzzük, amíg a hal és a búza megpuhul.
g) Forrón tálaljuk.

29.Shawarma csirke

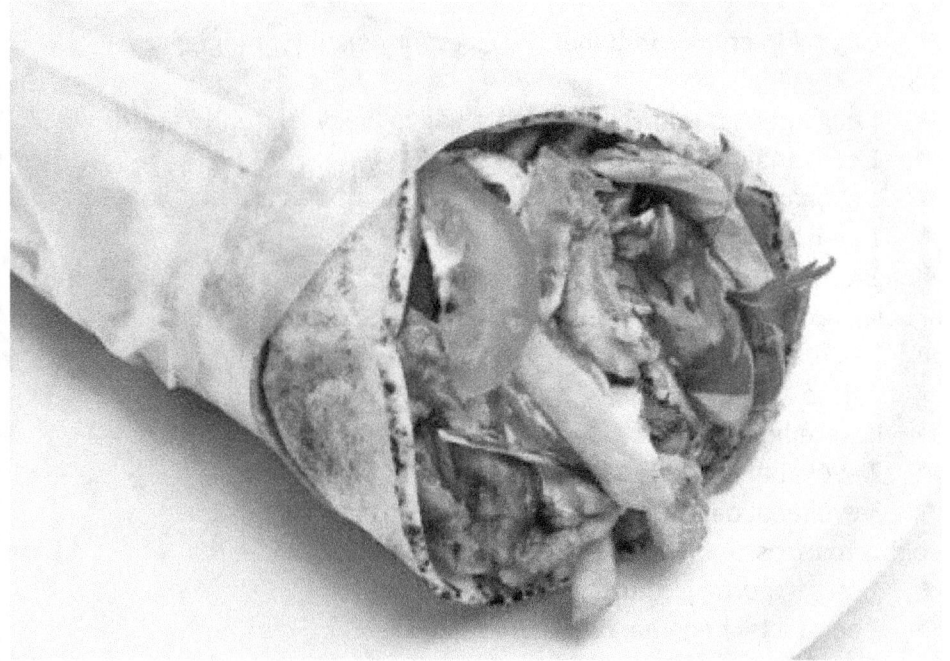

ÖSSZETEVŐK:

Csirke:
- 1 kg / 2 lb csirkecomb filé, bőr és csont nélkül (3. megjegyzés)

Pác:
- 1 nagy gerezd fokhagyma apróra vágva (vagy 2 kisebb gerezd)
- 1 evőkanál őrölt koriander
- 1 evőkanál őrölt kömény
- 1 evőkanál őrölt kardamom
- 1 tk őrölt cayenne bors (csökkentse 1/2 teáskanálra, hogy kevésbé legyen csípős)
- 2 tk füstölt paprika
- 2 tk só
- Fekete bors
- 2 evőkanál citromlé
- 3 evőkanál olívaolaj

Joghurtos szósz:
- 1 csésze görög joghurt
- 1 gerezd fokhagyma, összetörve
- 1 tk kömény
- Kifacsarjuk a citromlevet
- Só, bors

Kiszolgálni:
- 4-5 lapos kenyér (libanoni vagy pita kenyér vagy házi készítésű puha lapos kenyér)
- Szeletelt saláta (cos vagy jéghegy)
- Paradicsom szelet
- Vöröshagyma, finomra szeletelve
- Sajt, reszelt (opcionális)
- Választható forró szósz (opcionális)

UTASÍTÁS:

Pácolt csirke:
a) Keverjük össze a pác hozzávalóit egy nagy cipzáras zacskóban. Adja hozzá a csirkét, zárja le, majd masszírozza kívülről a kezével, hogy minden darab bevonatos legyen.
b) Pácoljuk minimum 3 óráig, lehetőleg 24 óráig.

Joghurtos szósz:
c) Egy tálban keverjük össze a joghurtos szósz hozzávalóit, és keverjük össze. Fedjük le és tegyük hűtőbe, amíg szükséges (hűtőben 3 napig eláll).
d) Melegíts fel egy nagy, tapadásmentes serpenyőt 1 evőkanál olajjal közepesen magas lángon, vagy enyhén kenj meg egy BBQ főzőlapot/grillt olajjal, és melegítsd közepesen magasra. (A sütéshez lásd a megjegyzéseket)

Főtt csirkét:
e) Helyezze a pácolt csirkét a serpenyőbe vagy a grillre, és süsse az első oldalát 4-5 percig, amíg szépen megpirul. Fordítsa meg és süsse meg a másik oldalát 3-4 percig (a második oldal kevesebb időt vesz igénybe).
f) Vegyük le a csirkét a grillről, és lazán fedjük le alufóliával. Tedd félre 5 percre pihenni.
g) Szeleteld fel a csirkét, és halmozd fel egy tálra a laposkenyérekhez, a salátához és a joghurtszószhoz (vagy ebből a receptből tejmentes Tahini szószhoz).
h) A pakolás elkészítéséhez vegyünk egy darab lapos kenyeret, kenjük meg joghurtos szósszal, tegyük a tetejére egy kis salátát, paradicsomot és Chicken Shawarmát. Tekerd fel és élvezd!

30.Omani Shuwa

ÖSSZETEVŐK:

- 2 bárány csülök (egyenként körülbelül 0,7 font súlyú, lehetőleg újzélandi csülök)
- 2 teáskanál fokhagyma, zúzott
- 1 teáskanál gyömbéres fokhagyma paszta
- ¾ teáskanál fekete bors por
- ¾ teáskanál köménypor
- 1 teáskanál koriandermag porítva vagy 1 ¼ teáskanál korianderpor
- 10 szegfűszeg vagy körülbelül ¼ teáskanál szegfűszegpor
- 1 ½ teáskanál chili por
- 2 evőkanál ecet (vörösbor ecet ajánlott)
- 1 lime, lé
- 2-2 ½ teáskanál só (ízlés szerint igazítsuk, kb. 2 tk használunk)
- 2½-3 evőkanál olaj
- Banánlevél (fagyasztott levelek használhatók)

UTASÍTÁS:

A bárány elkészítése:
a) Mossa meg a báránycombokat, és készítsen nagy és mély hasításokat. Ez elengedhetetlen az ízletes és fűszeres húshoz.

Készítsd el a fűszerpasztát:
b) Keverje össze az összes hozzávalót, kivéve a bárányhúst, hogy pasztát képezzen.

A bárány pácolása:
c) Dörzsölje be a fűszerpasztát a bárányhúsra, ügyelve arra, hogy a fűszerek a bélbe kerüljenek. Ujjaival alaposan dörzsölje át a húst.
d) Tegyünk egy banánlevelet egy tepsibe, tegyük rá a bárányhúst, és öntsük rá a maradék fűszerkeveréket.
e) Hajtsa rá a banánlevelet a bárányra, hogy teljesen ellepje, és így csomagot hozzon létre. Fedjük le a tepsit és pácoljuk a hűtőben egy éjszakára vagy 24-48 órára.
f) Vegye ki a pácolt bárányt a hűtőszekrényből, és hagyja állni a munkalapon 30-60 percig főzés előtt, hogy szobahőmérsékletűre melegedjen (opcionális).

Főzés:
g) Melegítsük elő a sütőt 250°F-ra, és helyezzük bele a sütőedényt. Ne felejtse el eltávolítani a sütőedény fedelét/fedelét.
h) A bárányhúst banánlevélbe csomagolva 3 órán keresztül sütjük, vagy amíg a hús megpuhul. 1-1 és fél óránként fordítsa meg a húst.
i) A hús méretétől és vastagságától függően hosszabb sütési időt igényelhet.
j) Változtassa meg a sütő hőmérsékletét 350 °F-ra, nyissa ki a banánfóliát, és süsse további 20 percig, amíg a hús sötétbarna nem lesz.
k) 3 óra elteltével a banánfólia kiszárad és szétesik. Hagyhatja a levelet magában az edényben, és kinyithatja/eltávolíthatja a levelet a tetejéről, mielőtt 350 °F-on sütné.
l) Tálalás előtt kivesszük a sütőből, és legalább 10 percig pihentetjük a húst.
m) Tálalja az Omani Shuwa-t ízesített rizzsel vagy kedvenc köreteivel.

31. Omani Mishkak

ÖSSZETEVŐK:
- 1 kg marha steak, kockára vágva
- 3 evőkanál friss gyömbér, reszelve
- 5 gerezd fokhagyma
- ½ papaya gyümölcs, apróra vágva
- 1 ½ evőkanál só
- 3 kimagozott pirospaprika vagy 1 evőkanál chilipor
- 1 evőkanál kurkuma
- 4 evőkanál ecet (bármilyen jó)
- 4 evőkanál tamarind paszta (alapvető)
- 1 evőkanál köménypor
- 1 evőkanál fekete bors
- 2 evőkanál olaj (bármilyen)

UTASÍTÁS:
a) Vágja fel a marhahúst apró kockákra, ügyelve arra, hogy alkalmas legyen a nyársalásra, de ne legyen túl kicsi vagy nagy.
b) Egy robotgépben a marhahús kivételével az összes hozzávalót turmixoljuk össze, hogy masszát kapjunk. Kezdje nagyobb összetevőkkel, például papaya darabokkal, és haladjon a porok felé az optimális keverés érdekében.
c) A pácot jól összekeverjük a marhahúskockákkal, ügyelve arra, hogy egyenletesen bevonódjanak. Hagyja a marhahúst pácolódni, lehetőleg egy éjszakán át, hogy a hús megpuhuljon és felszívja az ízeket.
d) A pácolt marhahús kockákat felnyársaljuk.
e) Süssük a nyársakat forró faszén grillen vagy sütőben, amíg kissé megpuhulnak és megpuhulnak.
f) Opcionálisan megkenhet egy kis olajat a főzési folyamat során, hogy megakadályozza a hús kiszáradását.
g) A nyársakat rendszeresen fordítsa meg az egyenletes főzés érdekében. Ügyeljen arra, hogy ne süsse túl, mert ez száraz és megkeményedett húst eredményezhet.
h) Ha megfőtt, forrón tálalja a Mishkak-ot, és élvezze az ízletes, puha marhahúsnyársakat.

32.Kabsa csirke

ÖSSZETEVŐK:

Kabsa fűszerkeverék:
- 1/4 teáskanál őrölt kardamom
- 1/4 teáskanál őrölt fehér bors
- 1/4 teáskanál sáfrány
- 1/2 tk őrölt fahéj
- 1/2 tk őrölt szegfűbors
- 1/2 teáskanál szárított egész lime por

Kabsa csirke:
- 2 evőkanál olaj vagy vaj
- 3 hagyma, szeletelve
- 1 evőkanál darált gyömbér (gyömbéres paszta)
- 1 evőkanál darált fokhagyma (fokhagyma paszta)
- 1 zöld chili
- 2 szárított babérlevél
- 6 szegfűszeg
- 4 kardamom hüvely
- 1 fahéjrúd
- 2 evőkanál paradicsompüré (paradicsompüré)
- 1 csipet őrölt szerecsendió
- 1/2 teáskanál őrölt fekete bors
- 1/4 teáskanál őrölt kömény
- 1/2 teáskanál őrölt koriander
- 3 közepes sárgarépa, vékonyra szeletelve
- 200 g konzerv kockára vágott paradicsom (vagy 3 paradicsom apróra vágva)
- 2 db csirkehúsleves kocka
- 1 1/2 kg egész csirke, 6 részre vágva
- 3 csésze basmati rizs, leöblítve
- 1/4 csésze mazsola
- Víz
- Só ízlés szerint
- Mazsola, díszítéshez (elhagyható)
- Szeletelt mandula, díszítéshez (elhagyható)

UTASÍTÁS:

Kabsa fűszerkeverék elkészítése:
a) Keverje össze a kardamomot, a fehér borsot, a sáfrányt, a fahéjat, a szegfűborsot és a lime port egy tálban. Félretesz, mellőz.
b) Melegítsünk olajat egy nagy, vastag fenekű serpenyőben közepesen magas lángon. Adjunk hozzá hagymát, gyömbért, fokhagymát és zöld chilit. Addig pirítjuk, amíg a hagyma aranybarna nem lesz.
c) Adjunk hozzá babérlevelet, szegfűszeget, kardamom hüvelyt és fahéjrudat. Egy percig pirítjuk.
d) Hozzákeverjük a paradicsompürét. Hozzáadjuk a szerecsendiót, a fekete borsot, a köményt, a koriandert és az elkészített Kabsa fűszerkeveréket. Ízesítsük sóval. A fűszereket egy percig pirítjuk.
e) Hozzáadjuk a sárgarépát és a felkockázott paradicsomot. Keverjük össze és főzzük 2 percig.

Barna csirke:
f) Hozzáadjuk a csirkekockákat és a csirkedarabokat. A csirkét süsd meg, időnként megforgatva, körülbelül 30 percig.
g) Vegye ki a csirkedarabokat a serpenyőből, és tegye félre.

Rizst főzni:
h) Adjunk hozzá rizst és mazsolát a serpenyőbe. Felöntjük 4 csésze vízzel. Ízesítsük sóval. Forraljuk fel.
i) Csökkentsük a hőt, fedjük le, és pároljuk 10-15 percig.

Grill csirke:
j) A grillt előmelegítjük. Grill a csirkét 10-15 percig, vagy amíg meg nem sül.
k) A rizst a grillezett csirkével tálaljuk.
l) Választható: mazsolával és reszelt mandulával díszítjük.

33.Ománi Arsia

ÖSSZETEVŐK:
A CSIRKEHOZ:
- 1 kg csirke darabokra vágva
- 1 csésze basmati rizs, megmosva és beáztatva
- 2 evőkanál Ghee
- 1 hagyma, finomra vágva
- 2 paradicsom, apróra vágva
- 2 zöld chili apróra vágva
- 1 evőkanál fokhagyma paszta
- 1 evőkanál gyömbér paszta
- 1/2 teáskanál kurkuma por
- 1/2 teáskanál vörös chili por
- 1/2 teáskanál Garam Masala
- Só ízlés szerint
- 2 csésze csirke húsleves

A RIZSHOZ:
- 1 csésze basmati rizs, megmosva és beáztatva
- 1 evőkanál Ghee
- 2 csésze Víz
- Só ízlés szerint

UTASÍTÁS:
A CSIRKE ELKÉSZÍTÉSE:
a) Egy nagy fazékban közepes lángon hevítsük a ghit. Adjuk hozzá az apróra vágott hagymát és pirítsuk aranybarnára.
b) Adjunk hozzá fokhagyma- és gyömbérpasztát a hagymához. Pároljuk egy percig, amíg a nyers szag eltűnik.
c) A csirkedarabokat beletesszük az edénybe, és minden oldalukon barnára sütjük.
d) Adjunk hozzá apróra vágott paradicsomot, zöld chilit, kurkumaport, vörös chiliport, garam masala-t és sót. Jól összekeverni.
e) Öntsük hozzá a csirkehúslevest, és forraljuk fel a keveréket. Csökkentse a hőt, fedje le az edényt, és párolja, amíg a csirke megpuhul.

A RIZS ELKÉSZÍTÉSE:
f) Egy külön edényben közepes lángon hevítsük a ghit. Adjuk hozzá az áztatott basmati rizst, és pároljuk néhány percig.
g) Felöntjük vízzel és sózzuk. Forraljuk fel a keveréket, majd csökkentsük a hőt, fedjük le az edényt, és lassú tűzön főzzük, amíg a rizs megfő és a folyadék felszívódik.

AZ ARSIA ÖSSZESZERELÉSE:
h) Egy tálban elrendezzük a főtt csirkét a levesével együtt.
i) A csirkét megkenjük a főtt basmati rizzsel.
j) Tálalja az Omani Chicken Arsia-t forrón, így az étkezők élvezhetik a fűszerezett rizs és a puha csirke ízletes kombinációját.

34.Ománi csirke Biryani

ÖSSZETEVŐK:

Pácoláshoz:
- 1 kg csirkedarabok
- 1 evőkanál gyömbér fokhagyma paszta
- 1 teáskanál egész fűszerpor
- 1 teáskanál kurkuma por
- 1 evőkanál Red Chili por
- Só ízlés szerint
- 1 citrom levében

Biryani esetében:
- 1 kg basmati rizs, 1 órán át áztatva
- 2 hagyma, apróra vágva
- 2 paradicsom, apróra vágva
- 2 evőkanál gyömbér fokhagyma paszta
- Forró tejbe áztatott sáfrányszálak narancssárga ételfestékkel
- 100 gramm Pure Ghee
- 10 zöld chili, felvágva
- 1 arany barna hagyma (díszítéshez)
- 1 teáskanál köménypor
- 1 teáskanál fahéjpor
- 1 teáskanál fekete bors por
- Friss korianderlevél, apróra vágva
- 1 csésze pörkölt kesudió és mandula

UTASÍTÁS:
A csirkét pácoljuk:
a) Egy tálban keverje össze a csirkedarabokat gyömbéres fokhagymapürével, egész fűszerporral, kurkumaporral, vörös chiliporral, sóval és citromlével. Pácoljuk legalább 30 percig.
b) Egy serpenyőben olajat hevítünk, és addig sütjük a pácolt csirkét, amíg megpuhul. Félretesz, mellőz.

A Biryani elkészítése:
c) Egy nagy lábosban olajat hevítünk. Adjuk hozzá az apróra vágott hagymát és pirítsuk aranybarnára.
d) Hozzáadjuk a gyömbéres fokhagymás masszát és a felszeletelt zöld chilit. Addig pároljuk, amíg a nyers szag el nem tűnik.
e) Adjunk hozzá apróra vágott paradicsomot és sót. Addig pároljuk, amíg a paradicsom meg nem puhul.
f) Adjuk hozzá a köményport, a fahéjport és a fekete borsport. Jól összekeverni.

A BIRYANI RÉTEGEZÉSE:
g) Az edénybe rétegezzük a részben főtt rizs felét.
h) Hozzáadjuk a sült szárított gyümölcsöket, az apróra vágott korianderleveleket, az aranybarna hagymát és a sült csirkedarabokat.
i) Ismételjük meg a rétegezést a maradék rizzsel, majd öntsük fel sáfrányos tejjel és desighee-vel.
j) Fedjük le az edényt, és közepes lángon főzzük, amíg a rizs teljesen meg nem fő.
k) Díszítsd az Omani Chicken Biryanit több apróra vágott korianderlevéllel és pörkölt kesudióval és mandulával.
l) Tálalja az autentikus ománi biryanit, és élvezze a gazdag és ízletes ételt!

35.Omani Fish Curry (Salonat Samak)

ÖSSZETEVŐK:

- 1 kg halfilé (snapper vagy kingfish)
- 2 nagy paradicsom, apróra vágva
- 1 nagy hagyma, apróra vágva
- 4 gerezd fokhagyma, felaprítva
- 1/4 csésze tamarind paszta
- 2 evőkanál ománi curry por
- 1 csésze kókusztej
- Növényi olaj
- Só és bors, ízlés szerint

UTASÍTÁS:

a) Egy serpenyőben pároljuk a hagymát és a fokhagymát növényi olajon, amíg megpuhul.
b) Hozzáadjuk az apróra vágott paradicsomot, és addig főzzük, amíg össze nem törik.
c) Keverjük hozzá az ománi curryport, és főzzük néhány percig.
d) Adjuk hozzá a tamarindpasztát és a kókusztejet, és forraljuk fel.
e) Sózzuk és borsozzuk a halfiléket, majd adjuk hozzá a pároló curryhez.
f) Addig főzzük, amíg a hal elkészül, és a curry besűrűsödik.
g) Melegen tálaljuk rizzsel.

36.ománi bárány Kabsa

ÖSSZETEVŐK:

- 2 csésze basmati rizs
- 1 kg bárányhús, kockákra vágva
- 2 nagy hagyma, apróra vágva
- 3 paradicsom, apróra vágva
- 1/2 csésze paradicsompüré
- 4 gerezd fokhagyma, felaprítva
- 2 teáskanál őrölt koriander
- 2 teáskanál őrölt kömény
- 1 teáskanál őrölt fahéj
- 1 teáskanál őrölt kardamom
- 4 csésze csirke- vagy bárányleves
- Növényi olaj
- Só és bors, ízlés szerint

UTASÍTÁS:

a) Egy nagy fazékban a hagymát növényi olajon aranybarnára pároljuk.
b) Hozzáadjuk a báránydarabokat, és minden oldalukat megpirítjuk.
c) Hozzákeverjük a darált fokhagymát, őrölt koriandert, őrölt köményt, őrölt fahéjat és őrölt kardamomot.
d) Hozzáadjuk az apróra vágott paradicsomot és a paradicsompürét, és addig főzzük, amíg a paradicsom össze nem törik.
e) Felöntjük a húslevessel, és felforraljuk.
f) Adjunk hozzá rizst, sót és borsot. Addig főzzük, amíg a rizs elkészül.
g) Forrón, sült mandulával és fenyőmaggal díszítve tálaljuk.

37.Ományi Növényi Saloona

ÖSSZETEVŐK:

- 2 burgonya, meghámozva és felkockázva
- 2 sárgarépa, meghámozva és felkockázva
- 1 csésze zöldbab, apróra vágva
- 1 csésze sütőtök kockára vágva
- 1 csésze cukkini, kockára vágva
- 1 nagy hagyma, apróra vágva
- 3 paradicsom, apróra vágva
- 3 gerezd fokhagyma, felaprítva
- 2 evőkanál paradicsompüré
- 1 teáskanál őrölt koriander
- 1 teáskanál őrölt kömény
- 1 teáskanál őrölt kurkuma
- 4 csésze zöldségleves
- Növényi olaj
- Só és bors, ízlés szerint

UTASÍTÁS:

a) Egy lábosban a hagymát növényi olajon aranybarnára pároljuk.
b) Adjuk hozzá a darált fokhagymát, őrölt koriandert, őrölt köményt és őrölt kurkumát. Főzzük néhány percig.
c) Hozzákeverjük az apróra vágott paradicsomot és a paradicsompürét, addig főzzük, amíg a paradicsom össze nem törik.
d) Hozzáadjuk a kockára vágott burgonyát, a sárgarépát, a zöldbabot, a sütőtököt és a cukkinit.
e) Felöntjük zöldséglevessel, és lassú tűzön felforraljuk.
f) Sózzuk, borsozzuk.
g) Addig pároljuk, amíg a zöldségek megpuhulnak.
h) Melegen tálaljuk rizzsel.

38.ománi bárány Mandi

ÖSSZETEVŐK:

- 1 kg bárányhús, kockákra vágva
- 2 csésze basmati rizs
- 2 nagy hagyma, apróra vágva
- 4 gerezd fokhagyma, felaprítva
- 1/4 csésze növényi olaj
- 2 evőkanál Mandi fűszerkeverék (koriander, kömény, fekete lime, fahéj, kardamom)
- 4 csésze bárány- vagy csirkehúsleves
- Só ízlés szerint

UTASÍTÁS:

a) Egy nagy edényben a hagymát és a fokhagymát növényi olajon aranybarnára pároljuk.
b) Hozzáadjuk a báránydarabokat, és minden oldalukat megpirítjuk.
c) Keverje hozzá a Mandi fűszerkeveréket és a sót.
d) Felöntjük a húslevessel, és felforraljuk.
e) Hozzáadjuk a rizst, és addig főzzük, amíg a rizs és a bárány is elkészül.
f) Forrón, sült hagymával díszítve tálaljuk.

39.Ománi Bárány Kabuli

ÖSSZETEVŐK:
- 1 kg bárányhús, kockákra vágva
- 2 csésze basmati rizs
- 2 nagy hagyma, apróra vágva
- 4 gerezd fokhagyma, felaprítva
- 1/4 csésze növényi olaj
- 1 csésze csicseriborsó, főtt
- 1 teáskanál őrölt koriander
- 1 teáskanál őrölt kömény
- 4 csésze bárány- vagy csirkehúsleves
- Só és bors, ízlés szerint

UTASÍTÁS:
a) Egy nagy edényben a hagymát és a fokhagymát növényi olajon aranybarnára pároljuk.
b) Hozzáadjuk a báránydarabokat, és minden oldalukat megpirítjuk.
c) Keverje hozzá az őrölt koriandert, őrölt köményt, sót és borsot.
d) Felöntjük a húslevessel, és felforraljuk.
e) Hozzáadjuk a rizst és a főtt csicseriborsót, és addig főzzük, amíg a rizs és a bárány is elkészül.
f) Forrón tálaljuk.

Omani Kofta cukkini szósszal
Laura, 2023. június 28

Az ománi bronzkori sírban talált harappai ékszerekről szóló múlt havi bejegyzés után egy finom, modern ománi receptet szerettem volna megosztani veletek gyűjteményemből. A nyári rengeteg cukkini és egyéb tök mellett ez egy nagyszerű grill recept, amely az egyik új kedvenced lesz.

Ne legyen óvatos a húsban lévő fűszernövények és fűszerek mennyiségével. A koftában lévő fahéjat a főzés szelídíti meg, a szósz pedig zamatos és finom – még ha magam mondom is. Az étel „őrző" a mi otthonunkban, remélem a tiédben is az lesz.

40.Omani Kofta cukkini szósszal

ÖSSZETEVŐK:
KOFTA
- 1 kiló darált marhahús
- 1 kis csokor petrezselyem, darálva
- 1 kis-közepes vöröshagyma felaprítva
- 1-2 ek fahéj
- Só/bors ízlés szerint

CUKKINISZÓSZ
- 2-3 teáskanál olívaolaj
- 8 gerezd apróra vágott fokhagyma
- 1 ek zúzott piros chili
- 2-3 teáskanál balzsamecet
- 1 nagy doboz (vagy 2 kis doboz) apróra vágott paradicsom
- 4 babérlevél
- 2-3 közepes cukkini
- 1 kis csokor petrezselyem, darálva
- 1 kis csokor menta, darálva
- Só/bors ízlés szerint

UTASÍTÁS:
a) A brojler előmelegítése. Keverjük össze a kofta összes összetevőjét. Hozzon létre ujjformákat vagy golyókat. Enyhén zsírozzon vagy szórjon be egy brojler serpenyőt. A koftát a lángtól 2-3 centire főzzük. A sütési idő a kofta méretétől függően változhat, de próbálja meg oldalanként 2-3 percig sütni. (A koftát is lehet grillezni helyette).

b) A cukkini szószhoz öntsünk egy kis olívaolajat egy serpenyőbe, és pároljuk 3 percig a fokhagymát és a piros chilit. Adjuk hozzá a balzsamecetet, majd egy perc múlva az összes apróra vágott paradicsomot a babérlevéllel együtt. Várja meg, amíg a szósz forrni kezd, majd fedje le az edényt, és tegye a legkisebb lángra 10 percre.

c) A cukkinit apróra vágjuk, és kevés olívaolajon addig pároljuk, amíg el nem kezd puhulni. Ezután adjuk hozzá őket a paradicsomszószhoz. Adjuk hozzá a petrezselymet és a mentát a szószhoz, és jól keverjük össze. Sózzuk és borsozzuk ízlés szerint.

d) Főzzük még néhány percig, hogy a fűszernövények íze behatoljon a serpenyőbe. Ezután helyezze a koftát a tálaló tányérra, és kanalazzon rá egy kis szószt, a maradékot pedig tálalja az oldalára.

41. Madrouba

ÖSSZETEVŐK:

- 200 ml hosszú szemű fehér rizs, például basmati
- 50 ml vöröslencse
- 100 ml főtt csicseriborsó
- 4 evőkanál olaj, például repce, lásd a megjegyzést
- ¼ hagyma, apróra vágva
- 4 gerezd fokhagyma, felaprítva
- 2 tk friss gyömbér, reszelve
- 1 paradicsom, felkockázva
- 2 egész szárított lime lásd a megjegyzést
- 2 tk kurkuma
- 2 tk kömény
- 2 tk őrölt koriander
- 1 tk őrölt fahéj
- 1 tk őrölt kardamom
- 1 csipet szerecsendió
- 1 db zöldségleves kocka
- cayenne bors ízlés szerint
- só ízlés szerint

FELTÉTELEK (OPCIONÁLIS)

- 1 evőkanál repceolaj
- ¼ vöröshagyma, vékonyra szeletelve
- friss lime szeletek

UTASÍTÁS:

a) A szárított lime esetében vágjuk fel, és szaggassuk ki a sötét, puha húsát. Dobja el a magokat és a héjakat. Vágjuk durvára, és adjuk hozzá az edényhez.
b) Tegyen egy nagy edényt közepes vagy magas lángra. Adjunk hozzá 2-3 evőkanál repceolajat.
c) A felkockázott hagymát addig pirítjuk, amíg barnulni nem kezd.
d) Adjuk hozzá a fokhagymát és a gyömbért, és keverjük puhára és illatosra.
e) Adjuk hozzá a kockára vágott paradicsomot és az összes fűszert, beleértve a szárított lime-ot vagy a héját.
f) Hozzákeverjük a rizst, a lencsét és a csicseriborsót. Adjunk hozzá 600 ml vizet, és forraljuk fel.
g) Hagyja a rizst alacsony hőmérsékleten 40-60 percig párolni. Gyakran keverjük meg, és szükség szerint adjunk hozzá még vizet. Összesen 1200 ml-t használtam fel.
h) Közben a vékonyra szeletelt hagymát sötétbarnára pirítjuk.
i) Amikor a rizs puha és kezd szétesni, fejezzük be az ételt úgy, hogy a rizst burgonyanyomóval pépesítjük.
j) Opcionális: keverjünk hozzá egy kevés olívaolajat.
k) Forrón tálaljuk, a tetejére pirított hagymát és esetleg friss lime-karikát teszünk.

42.Csirke hagymával és kardamom rizzsel

ÖSSZETEVŐK:

- 3 evőkanál / 40 g cukor
- 3 evőkanál / 40 ml víz
- 2½ evőkanál / 25 g borbolya (vagy ribizli)
- 4 evőkanál olívaolaj
- 2 közepes hagyma, vékonyra szeletelve (2 csésze / összesen 250 g)
- 2¼ font / 1 kg bőrös, csontos csirkecomb vagy 1 egész csirke negyedelve
- 10 db kardamom hüvely
- lekerekített ¼ tk egész szegfűszeg
- 2 hosszú fahéjrúd, ketté törve
- 1⅔ csésze / 300 g basmati rizs
- 2¼ csésze / 550 ml forrásban lévő víz
- 1½ evőkanál / 5 g lapos levelű petrezselyemlevél apróra vágva
- ½ csésze / 5 g kaporlevél, apróra vágva
- ¼ csésze / 5 g korianderlevél, apróra vágva
- ⅓ csésze / 100 g görög joghurt, 2 evőkanál olívaolajjal elkeverve (opcionális)
- sót és frissen őrölt fekete borsot

UTASÍTÁS

a) A cukrot és a vizet egy kis lábasba tesszük, és addig melegítjük, amíg a cukor fel nem oldódik. Lehúzzuk a tűzről, hozzáadjuk a borbolát, és félretesszük ázni. Ha ribizlit használ, nem kell ilyen módon áztatnia.

b) Közben egy nagy serpenyőben, amelyhez fedő van, közepes lángon felforrósítjuk az olívaolaj felét, hozzáadjuk a hagymát, és 10-15 percig főzzük, időnként megkeverve, amíg a hagyma mélyen aranybarna nem lesz. Tegye át a hagymát egy kis tálba, és törölje tisztára a serpenyőt.

c) Helyezze a csirkét egy nagy keverőtálba, és ízesítse 1½ teáskanál sóval és fekete borssal. Adjuk hozzá a maradék olívaolajat, a kardamomot, a szegfűszeget és a fahéjat, majd kézzel keverjük jól össze az egészet. Ismét felmelegítjük a serpenyőt, és beletesszük a csirkét és a fűszereket.

d) Mindkét oldalát 5 percig pirítjuk, majd kivesszük a serpenyőből (ez azért fontos, mert részben megsül a csirke). A fűszerek a serpenyőben maradhatnak, de ne aggódj, ha ráragadnak a csirkére.

e) Távolítsa el a maradék olaj nagy részét is, csak egy vékony filmet hagyjon az alján. Adjuk hozzá a rizst, a karamellizált hagymát, 1 teáskanál sót és sok fekete borsot. A borbolát lecsepegtetjük, és azt is hozzáadjuk. Jól összekeverjük, és a megsült csirkét visszatesszük a serpenyőbe, belenyomva a rizsbe.

f) Öntsük a forrásban lévő vizet a rizsre és a csirkére, fedjük le a serpenyőt, és nagyon alacsony lángon főzzük 30 percig. Vegyük le a serpenyőt a tűzről, vegyük le a fedőt, gyorsan helyezzünk egy tiszta konyharuhát a serpenyőre, és ismét zárjuk le a fedővel. Hagyja az edényt zavartalanul további 10 percig. Végül adjuk hozzá a fűszernövényeket, és villával keverjük össze őket, és habosítsuk fel a rizst. Kóstoljuk meg, és ha szükséges, sózzuk, borsozzuk még. Ízlés szerint melegen vagy joghurttal tálaljuk.

43. Marhahúsgombóc Fava babbal és citrommal

ÖSSZETEVŐK:
- 4½ evőkanál olívaolaj
- 2⅓ csésze / 350 g fava bab, frissen vagy fagyasztva
- 4 egész kakukkfű gally
- 6 gerezd fokhagyma, szeletelve
- 8 zöldhagyma, ferdén ¾ hüvelykes / 2 cm-es szeletekre vágva
- 2½ evőkanál frissen facsart citromlé
- 2 csésze / 500 ml csirke alaplé
- sót és frissen őrölt fekete borsot
- 1½ teáskanál apróra vágott lapos petrezselyem, menta, kapor és koriander a befejezéshez

HÚSGOLYÓK
- 10 oz / 300 g darált marhahús
- 5 oz / 150 g darált bárányhús
- 1 közepes hagyma, apróra vágva
- 1 csésze / 120 g zsemlemorzsa
- 2 evőkanál apróra vágott lapos petrezselyem, menta, kapor és koriander
- 2 nagy gerezd fokhagyma, összetörve
- 4 tk baharat fűszerkeverék (bolti, vagy lásd a receptet)
- 4 tk őrölt kömény
- 2 tk kapribogyó, apróra vágva
- 1 tojás, felvert

UTASÍTÁS

a) Helyezze a húsgombóc összes hozzávalóját egy nagy keverőtálba. Adjunk hozzá ¾ teáskanál sót és sok fekete borsot, és jól keverjük össze kézzel. Körülbelül akkora golyókat formázunk, mint a ping-pong labdákat. Melegíts fel 1 evőkanál olívaolajat közepes lángon egy extra nagy serpenyőben, amelyhez fedő van. Süssük meg a húsgombócok felét, és fordítsuk meg őket, amíg barna nem lesz, körülbelül 5 perc alatt. Vegyük ki, adjunk hozzá még 1½ teáskanál olívaolajat a serpenyőbe, és főzzük meg a másik adag húsgombócokat. Vegye ki a serpenyőből és törölje le.

b) Amíg a húsgombóc sül, a fava babot bő, sós forrásban lévő vízben edénybe dobjuk, és 2 percig blansírozzuk. Leszűrjük és hideg víz alatt felfrissítjük. Távolítsa el a héját a fél fava babról, és dobja ki a héját.

c) A maradék 3 evőkanál olívaolajat melegítsd fel közepes lángon ugyanabban a serpenyőben, amelyben a húsgombócokat sütötted. Adjuk hozzá a kakukkfüvet, a fokhagymát és a zöldhagymát, és pirítsuk 3 percig. Adjuk hozzá a hámozatlan fava babot, 1½ evőkanál citromlevet, ⅓ csésze / 80 ml alaplét, ¼ teáskanál sót és sok fekete borsot. A babot majdnem be kell fedni a folyadékkal. Fedjük le a serpenyőt, és lassú tűzön főzzük 10 percig.

d) Tegye vissza a húsgombócokat a serpenyőbe a fava babot tartva. Adjuk hozzá a maradék alaplét, fedjük le a serpenyőt, és lassú tűzön pároljuk 25 percig. Kóstoljuk meg a szószt, és állítsuk be a fűszerezést. Ha nagyon folyós, vegyük le a fedőt és csökkentsük egy kicsit. Ha a húsgombócok abbahagyják a főzést, sok levet felszívnak, ezért ügyeljen arra, hogy ezen a ponton legyen még bőven szósz. A húsgombócokat most a tűzről levéve hagyhatod tálalásig.

e) Közvetlenül tálalás előtt melegítse fel a húsgombócokat, és ha szükséges, adjon hozzá egy kevés vizet, hogy elegendő szószt kapjon. Adjuk hozzá a maradék fűszernövényeket, a maradék 1 evőkanál citromlevet és a meghámozott fava babot, és nagyon óvatosan keverjük össze. Azonnal tálaljuk.

44. Bárányhúsgombóc borbolával, joghurttal és fűszernövényekkel

én

HOZZÁVALÓK:

- 1⅔ font / 750 g darált bárányhús
- 2 közepes hagyma, apróra vágva
- ⅔ oz / 20 g lapos petrezselyem, finomra vágva
- 3 gerezd fokhagyma, összetörve
- ¾ teáskanál őrölt szegfűbors
- ¾ tk őrölt fahéj
- 6 evőkanál / 60 g borbolya
- 1 nagy szabadtartású tojás
- 6½ evőkanál / 100 ml napraforgóolaj
- 1½ font / 700 g banán vagy más nagy mogyoróhagyma, meghámozva
- ¾ csésze plusz 2 evőkanál / 200 ml fehérbor
- 2 csésze / 500 ml csirke alaplé
- 2 babérlevél
- 2 szál kakukkfű
- 2 tk cukor
- 5 uncia / 150 g szárított füge
- 1 csésze / 200 g görög joghurt
- 3 evőkanál menta, koriander, kapor és tárkony kevert, durvára tépve
- sót és frissen őrölt fekete borsot

UTASÍTÁS

a) Helyezze a bárányhúst, a hagymát, a petrezselymet, a fokhagymát, a szegfűborsot, a fahéjat, a borbolát, a tojást, 1 teáskanál sót és ½ teáskanál fekete borsot egy nagy tálba. Keverjük össze a kezünkkel, majd forgassuk golflabda méretű labdákká.

b) Az olaj egyharmadát közepes lángon felforrósítjuk egy nagy, vastag aljú edényben, amelyhez szorosan zárható fedő van. Tegyünk bele néhány húsgombócot, és főzzük, és forgassuk meg néhány percig, amíg mindenhol elszíneződik. Kivesszük az edényből és félretesszük. A maradék fasírtokat ugyanígy megfőzzük.

c) Törölje tisztára az edényt, és adja hozzá a maradék olajat. Adjuk hozzá a medvehagymát, és főzzük közepes lángon 10 percig, gyakran kevergetve, amíg aranybarna nem lesz. Adjuk hozzá a bort, hagyjuk buborékolni egy-két percig, majd adjuk hozzá a csirkehúslevet, a babérlevelet, a kakukkfüvet, a cukrot és egy kis sót és borsot. Rendezzük el a fügét és a húsgombócokat a medvehagyma közé és a tetejére; a húsgombócokat majdnem el kell fedni a folyadékkal. Forraljuk fel, fedjük le, csökkentsük a hőt nagyon alacsonyra, és hagyjuk párolni 30 percig. Vegyük le a fedőt, és pároljuk még körülbelül egy órán át, amíg a szósz lecsökken, és íze felerősödik. Kóstoljuk meg, sózzuk, borsozzuk, ha szükséges.

d) Tegyük át egy nagy, mély tálba. A joghurtot felverjük, a tetejére öntjük, és megszórjuk a fűszernövényekkel.

45. Árpa rizottó pácolt fetával

ÖSSZETEVŐK:

- 1 csésze / 200 g gyöngy árpa
- 2 evőkanál / 30 g sótlan vaj
- 6 evőkanál / 90 ml olívaolaj
- 2 kis zellerszár, 0,5 cm-es kockákra vágva
- 2 kis medvehagyma 0,5 cm-es kockákra vágva
- 4 gerezd fokhagyma, 1/16 hüvelykes / 2 mm-es kockákra vágva
- 4 szál kakukkfű
- ½ teáskanál füstölt paprika
- 1 babérlevél
- 4 csík citromhéj
- ¼ tk chili pehely
- egy 14 uncia / 400 g-os doboz apróra vágott paradicsom
- 3 csésze / 700 ml zöldségalaplé
- 1¼ csésze / 300 ml passata (szitált zúzott paradicsom)
- 1 evőkanál kömény
- 10½ uncia / 300 g feta sajt, nagyjából 2 cm-es darabokra törve
- 1 evőkanál friss oregánó levél
- só

UTASÍTÁS

a) Az árpát alaposan öblítsük le hideg víz alatt, és hagyjuk lecsepegni.

b) Olvasszuk fel a vajat és 2 evőkanál olívaolajat egy nagyon nagy serpenyőben, és süssük puhára a zellert, a medvehagymát és a fokhagymát enyhe lángon 5 percig. Adjuk hozzá az árpát, a kakukkfüvet, a paprikát, a babérlevelet, a citromhéjat, a chili pehelyt, a paradicsomot, az alaplevet, a passatát és a sót. Keverjük össze.

c) Forraljuk fel a keveréket, majd csökkentsük nagyon enyhe lassú tűzön, és főzzük 45 percig, gyakran kevergetve, hogy a rizottó ne ragadjon rá a serpenyő aljára. Ha kész, az árpának puhanak kell lennie, és a folyadék nagy része felszívódik.

d) Közben a köménymagot száraz serpenyőben pár percig pirítjuk. Ezután enyhén törje össze őket, hogy néhány egész mag maradjon. Adja hozzá őket a fetához a maradék 4 evőkanál / 60 ml olívaolajjal, és óvatosan keverje össze.

e) Ha kész a rizottó, ellenőrizze a fűszerezést, majd ossza el négy sekély tálba. Mindegyik tetejére tegyük meg a pácolt fetát, beleértve az olajat, és egy oregánólevéllel.

46.Sült csirke klementinnel

ÖSSZETEVŐK:

- 6½ evőkanál / 100 ml arak, ouzo vagy pernod
- 4 evőkanál olívaolaj
- 3 evőkanál frissen facsart narancslé
- 3 evőkanál frissen facsart citromlé
- 2 evőkanál szemes mustár
- 3 evőkanál világos barna cukor
- 2 közepes édesköményhagyma (1 font / 500 g összesen)
- 1 nagy bio- vagy szabadtartású csirke, körülbelül 2¾ lb / 1,3 kg, 8 részre osztva, vagy ugyanennyi súlyú bőrös, csontos csirkecomb
- 4 klementin hámozatlanul (összesen 14 uncia / 400 g), vízszintesen 0,5 cm-es szeletekre vágva
- 1 evőkanál kakukkfű levél
- 2½ teáskanál édesköménymag, enyhén összetörve
- sót és frissen őrölt fekete borsot
- apróra vágott lapos petrezselyem, díszítéshez

UTASÍTÁS

a) Tegye az első hat összetevőt egy nagy keverőtálba, és adjon hozzá 2,5 teáskanál sót és 1,5 teáskanál fekete borsot. Jól felverjük és félretesszük.
b) Vágja le az édesköményt, és vágja félbe mindegyik hagymát hosszában. Mindegyik felét 4 szeletre vágjuk. Adjuk hozzá az édesköményt a folyadékokhoz a csirkedarabokkal, a klementinszeletekkel, a kakukkfűvel és az édesköménymaggal együtt. Keverjük jól össze kézzel, majd tegyük a hűtőbe pár órára vagy egy éjszakára pácolódni (a pácolási szakaszt is jó kihagyni, ha szorít az idő).
c) Melegítsük elő a sütőt 475°F / 220°C-ra. Helyezze át a csirkét és a pácát egy akkora tepsire, hogy minden kényelmesen elférjen egy rétegben (nagyjából 12 × 14½ hüvelyk / 30 × 37 cm-es tepsi); a csirke bőrének felfelé kell néznie. Ha a sütő kellően felforrósodott, tedd be a tepsit a sütőbe, és süsd 35-45 percig, amíg a csirke elszíneződik és átsül. Vegye ki a sütőből.
d) Emelje ki a csirkét, az édesköményt és a klementineket a serpenyőből, és helyezze el a tányéron; takarjuk le és tartsuk melegen.
e) Öntsük a főzőfolyadékot egy kis serpenyőbe, tegyük közepes-nagy lángra, forraljuk fel, majd addig főzzük, amíg a szósz egyharmadára csökken, így kb. ⅓ csésze / 80 ml marad.
f) A csípős szószt a csirkére öntjük, petrezselyemmel díszítjük, és tálaljuk.

47. Mejadra

ÖSSZETEVŐK:

- 1¼ csésze / 250 g zöld vagy barna lencse
- 4 közepes hagyma (1½ lb / 700 g hámozás előtt)
- 3 evőkanál univerzális liszt
- körülbelül 1 csésze / 250 ml napraforgóolaj
- 2 tk köménymag
- 1½ evőkanál koriandermag
- 1 csésze / 200 g basmati rizs
- 2 evőkanál olívaolaj
- ½ teáskanál őrölt kurkuma
- 1½ teáskanál őrölt szegfűbors
- 1½ teáskanál őrölt fahéj
- 1 tk cukor
- 1½ csésze / 350 ml víz
- sót és frissen őrölt fekete borsot

UTASÍTÁS

a) A lencsét egy kis serpenyőbe tesszük, felöntjük bő vízzel, felforraljuk, és 12-15 percig főzzük, amíg a lencse megpuhul, de még van egy kis falat. Lecsepegtetjük és félretesszük.

b) A hagymát megpucoljuk és vékonyan felszeleteljük. Tedd egy nagy lapos tányérra, szórd meg a liszttel és 1 teáskanál sóval, majd jól keverd össze kézzel. Melegítsük fel a napraforgóolajat egy közepesen vastag aljú serpenyőben, amelyet nagy lángra helyezünk. Győződjön meg róla, hogy az olaj forró, dobjon bele egy kis darab hagymát; erőteljesen sercegnie kell. Csökkentse a lángot közepesen magasra, és óvatosan (kiköphet!) adjuk hozzá a felszeletelt hagyma egyharmadát. Süssük 5-7 percig, időnként megkeverve lyukaskanállal, amíg a hagyma szép aranybarna színt nem kap és ropogós nem lesz (a hőmérsékletet úgy állítsuk be, hogy a hagyma ne süljön túl gyorsan és ne égjen meg). A kanál segítségével tegyük át a hagymát egy papírtörlővel bélelt szűrőedénybe, és szórjuk meg még egy kevés sóval. Ugyanezt tegye a másik két adag hagymával; ha szükséges, adjunk hozzá egy kevés olajat.

c) Törölje tisztára a serpenyőt, amelyben a hagymát sütötte, és tegye bele a köményt és a koriandermagot. Közepes lángra tesszük, és egy-két percig pirítjuk a magokat. Adjuk hozzá a rizst, az olívaolajat, a kurkumát, a szegfűborsot, a fahéjat, a cukrot, ½ teáskanál sót és sok fekete borsot. Keverjük össze, hogy a rizs bevonja az olajjal, majd adjuk hozzá a főtt lencsét és a vizet. Forraljuk fel, fedjük le, és lassú tűzön pároljuk 15 percig.

d) Vegyük le a tűzről, emeljük le a fedőt, és gyorsan fedjük le a serpenyőt egy tiszta konyharuhával. Zárja le szorosan a fedéllel, és tegye félre 10 percig.

e) Végül a rizshez és a lencséhez adjuk a pirított hagyma felét, és villával óvatosan keverjük össze. A keveréket egy sekély tálba halmozzuk, és a tetejére tesszük a többi hagymát.

48.Kuszkusz paradicsommal és hagymával

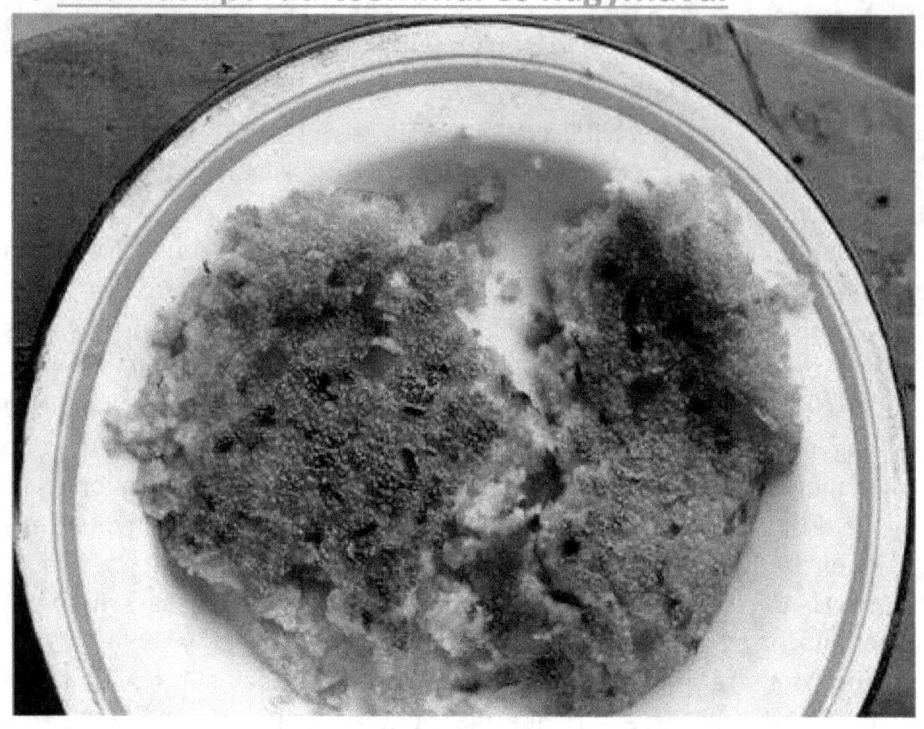

ÖSSZETEVŐK:

- 3 evőkanál olívaolaj
- 1 közepes hagyma, apróra vágva (1 csésze / 160 g összesen)
- 1 evőkanál paradicsompüré
- ½ teáskanál cukor
- 2 nagyon érett paradicsom 0,5 cm-es kockákra vágva (összesen 1¾ csésze / 320 g)
- 1 csésze / 150 g kuszkusz
- 1 csésze / 220 ml forrásban lévő csirke- vagy zöldségalaplé
- 2½ evőkanál / 40 g sótlan vaj
- sót és frissen őrölt fekete borsot

UTASÍTÁS

a) Öntsön 2 evőkanál olívaolajat egy körülbelül 22 cm átmérőjű, tapadásmentes serpenyőbe, és helyezze közepes lángra. Hozzáadjuk a hagymát, és gyakran kevergetve 5 percig főzzük, amíg megpuhul, de nem színeződik. Hozzákeverjük a paradicsompürét és a cukrot, és 1 percig főzzük.

b) Adjuk hozzá a paradicsomot, ½ teáskanál sót és egy kis fekete borsot, és főzzük 3 percig.

c) Közben tegyük a kuszkuszt egy sekély tálba, öntsük fel a forrásban lévő alaplével, és fedjük le műanyag fóliával. Tedd félre 10 percre, majd vedd le a fedőt, és villával pihegesd meg a kuszkuszt. Adjuk hozzá a paradicsomszószt és jól keverjük össze.

d) Törölje tisztára a serpenyőt, és közepes lángon melegítse fel a vajat és a maradék 1 evőkanál olívaolajat. Amikor a vaj elolvadt, kanalazzuk a kuszkuszot a serpenyőbe, és a kanál hátuljával finoman ütögessük le, hogy az egész szorosan be legyen csomagolva.

e) Fedjük le a serpenyőt, csökkentsük a hőt a legalacsonyabb fokozatra, és hagyjuk a kuszkuszot 10-12 percig gőzölni, amíg a szélein világosbarna színt nem látunk. Használjon eltolt spatulát vagy kést, hogy segítsen a kuszkusz széle és a serpenyő oldala között nézelődni: igazán ropogós élt szeretne az egész alján és oldalain.

f) Fordíts egy nagy tányért a serpenyő tetejére, és gyorsan fordítsd meg a serpenyőt és a tányért, és engedd a kuszkusz a tányérra. Melegen vagy szobahőmérsékleten tálaljuk.

LEVESEK

49.Sült sárgarépa leves dukka fűszerrel

ÖSSZETEVŐK:

- 1/2 csésze sózatlan, héjas nyers natúr pisztácia
- 2 evőkanál szezámmag
- 2 teáskanál koriandermag
- 2 teáskanál köménymag
- 1/2 teáskanál édesköménymag
- 1/4 teáskanál egész fekete bors
- 2 teáskanál kóser só, plusz még ízlés szerint
- 2 teáskanál kurkuma
- 1/2 teáskanál fahéj
- 1/2 teáskanál szerecsendió, frissen reszelve
- 2 teáskanál kömény, frissen őrölt
- 1 teáskanál ománi (őrölt citrom)
- 1/4 csésze almaecet
- 2 font sárgarépa, meghámozva, 1/2 hüvelykes szeletekre vágva
- 1 nagy sárga hagyma, meghámozva, 1/4 hüvelykes szeletekre vágva
- 8 gerezd fokhagyma, meghámozva
- 4-8 evőkanál sótlan vaj, olvasztott
- Frissen őrölt fekete bors, ízlés szerint
- 6 csésze csirkehúsleves
- Zsíros natúr görög joghurt, köretnek
- Koriander durvára vágva, díszítéshez

UTASÍTÁS:
Dukkah fűszerkeverék elkészítése:
a) A pisztáciát száraz serpenyőben közepes-alacsony lángon aranybarnára pirítjuk. Tegyük át egy kis tányérra, és hagyjuk kihűlni.
b) Ugyanabban a serpenyőben adjunk hozzá szezámmagot, koriandermagot, köménymagot, édesköménymagot és borsszemet. Pirítsuk illatosra, majd tegyük a tányérra dióval és hagyjuk kihűlni.
c) Tegye át a dió- és fűszerkeveréket 1 teáskanál sóval egy konyhai robotgépbe vagy mozsártörőbe. Durvára őröljük, hogy elkészítsük a Dukkah fűszerkeveréket. Ez előre elkészíthető és szobahőmérsékleten légmentesen zárva tárolható.

A zöldségek pirítása:

d) Melegítse elő a sütőt 425 °F-ra.
e) Egy peremes tepsire helyezzük a sárgarépát, a hagymát és a fokhagymát. Meglocsoljuk olvasztott vajjal, ízesítjük sóval, borssal, és bevonjuk.
f) Körülbelül 25 percig sütjük, amíg a hagyma el nem kezd barnulni. Távolítsa el a hagymát és a fokhagymát. Folytassa a sárgarépát további 10-20 percig, amíg megpuhul és barnulni kezd.

A leves elkészítése:
g) Egy nagy lábasban keverje össze a pirított hagymát és a fokhagymát 1 evőkanál vajjal, sóval és borssal.
h) Adjunk hozzá 3 evőkanál almaecetet, és főzzük 3-5 percig, amíg enyhén megkeverjük.
i) Adjunk hozzá csirkelevet, kurkumát, fahéjat, köményt, szerecsendiót és ománit. Forraljuk fel, és adjuk hozzá a sült sárgarépát. Körülbelül 30 percig pároljuk, amíg a sárgarépa megpuhul.
j) A levest botmixerrel vagy turmixgéppel simára pürésítjük.
k) A levest egy közepes lábasba öntjük, és közepes lángon enyhén lassú tűzön főzzük. Sózzuk, borsozzuk.
l) Osszuk szét a forró levest tálak között.
m) Egy-egy kanál joghurtot minden tál közepébe kanalazunk.
n) Megszórjuk Dukkah fűszerkeverékkel, és friss korianderrel díszítjük.

50.Marak Samak (Ománi halászlé)

ÖSSZETEVŐK:

- 500 g fehér halfilé, kockákra vágva
- 1 hagyma, finomra vágva
- 2 paradicsom, felkockázva
- 2 gerezd fokhagyma, felaprítva
- 1 teáskanál őrölt kurkuma
- 1 teáskanál őrölt kömény
- 1 teáskanál őrölt koriander
- 1/4 csésze apróra vágott koriander
- 1 citrom levében
- Só és bors ízlés szerint

UTASÍTÁS:

a) Egy lábosban puhára pároljuk a hagymát és a fokhagymát.
b) Adjuk hozzá a paradicsomot, a kurkumát, a köményt és a koriandert. Addig főzzük, amíg a paradicsom meg nem puhul.
c) Felöntjük annyi vízzel, hogy ellepje a hozzávalókat. Forraljuk fel.
d) Óvatosan adjuk hozzá a haldarabokat, és addig főzzük, amíg a hal átlátszatlan és át nem főtt.
e) Keverje hozzá a koriandert, a citromlevet, a sót és a borsot. Forrón tálaljuk.

51.Shorbat Adas (Ományi lencseleves)

ÖSSZETEVŐK:

- 1 csésze vöröslencse, megmosva
- 1 hagyma, apróra vágva
- 2 sárgarépa, kockára vágva
- 2 paradicsom, felkockázva
- 2 gerezd fokhagyma, felaprítva
- 1 teáskanál őrölt kömény
- 1 teáskanál őrölt koriander
- 1/2 teáskanál őrölt kurkuma
- 6 csésze zöldség- vagy csirkehúsleves
- Olívaolaj a csepegtetéshez
- Só és bors ízlés szerint

UTASÍTÁS:

a) Egy lábosban áttetszővé pároljuk a hagymát és a fokhagymát.
b) Adjunk hozzá sárgarépát, paradicsomot, lencsét, köményt, koriandert és kurkumát. Jól keverjük össze.
c) Felöntjük a húslevessel, és felforraljuk. Csökkentse a hőt, és addig pároljuk, amíg a lencse megpuhul.
d) Sózzuk, borsozzuk. Tálalás előtt meglocsoljuk olívaolajjal.

52.Shorbat Khodar (Ománi zöldségleves)

ÖSSZETEVŐK:

- 1 hagyma, apróra vágva
- 2 sárgarépa, kockára vágva
- 2 cukkini, felkockázva
- 1 burgonya, kockára vágva
- 1/2 csésze zöldbab, apróra vágva
- 1/4 csésze lencse
- 1 teáskanál őrölt kömény
- 1 teáskanál őrölt koriander
- 6 csésze zöldségleves
- Friss petrezselyem, apróra vágva (díszítéshez)
- Olívaolaj a csepegtetéshez
- Só és bors ízlés szerint

UTASÍTÁS:

a) Egy lábosban a hagymát áttetszőre pároljuk.
b) Adjunk hozzá sárgarépát, cukkinit, burgonyát, zöldbabot, lencsét, köményt és koriandert. Jól keverjük össze.
c) Felöntjük a zöldséglevessel, és felforraljuk. Csökkentse a hőt, és addig párolja, amíg a zöldségek megpuhulnak.
d) Sózzuk, borsozzuk. Tálalás előtt friss petrezselyemmel díszítjük, és olívaolajjal meglocsoljuk.

53.Lime csirke leves

ÖSSZETEVŐK:

- 2 evőkanál olívaolaj
- ½ sárga vagy fehér hagyma apróra vágva
- 2 gerezd fokhagyma apróra vágva
- 5 csésze alacsony nátriumtartalmú csirkealaplé
- 4 szárított perzsa lime
- 2 evőkanál kurkuma
- 1 csésze basmati rizs
- 13 uncia konzerv csicseriborsót leöblítve
- 1 csésze főtt reszelt csirke
- Őrölt feketebors
- A petrezselyemlevél apróra vágva, díszítéshez

UTASÍTÁS:

a) Melegítsd közepes lángra a holland sütőt, és csepegtess rá olívaolajat, és párold 4-5 perc alatt puhára az apróra vágott hagymát. Adjuk hozzá a fokhagymát és pirítsuk még egy percig.

b) Öntsük fel csirke alaplével, adjuk hozzá a szárított lime-ot, a kurkumát, a basmati rizst és a csicseriborsót, és főzzük, amíg a rizs megpuhul, körülbelül 15 percig.

c) Adjuk hozzá az apróra vágott csirkemellet, és főzzük tovább alacsony fokozaton, amíg a csirke át nem melegszik.

d) Távolítsa el a szárított lime-ot, és tálalás előtt dobja ki. A levest tálakba öntjük, és apróra vágott petrezselyemmel és őrölt fekete borssal díszítjük.

54.Harira (Ománi fűszerezett csicseriborsóleves)

ÖSSZETEVŐK:

- 1 csésze szárított csicseriborsó, egy éjszakán át áztatva
- 1 hagyma, finomra vágva
- 2 paradicsom, felkockázva
- 2 evőkanál paradicsompüré
- 1/2 csésze lencse
- 2 gerezd fokhagyma, felaprítva
- 1 teáskanál őrölt fahéj
- 1 teáskanál őrölt kömény
- 1/2 teáskanál őrölt kurkuma
- Só és bors ízlés szerint
- 6 csésze csirke- vagy zöldségleves
- 2 evőkanál növényi olaj
- Friss koriander díszítéshez

UTASÍTÁS:

a) Egy nagy edényben melegítsünk növényi olajat közepes lángon. Adjuk hozzá az apróra vágott hagymát és a zúzott fokhagymát, pároljuk, amíg megpuhul.
b) Adjuk hozzá a csicseriborsót, a lencsét, a paradicsomot és a paradicsompürét. 5 percig főzzük.
c) Adjunk hozzá fahéjat, köményt, kurkumát, sót és borsot. Jól keverjük össze.
d) Felöntjük a húslevessel, és felforraljuk. Csökkentse a hőt, és addig párolja, amíg a csicseriborsó megpuhul.
e) Fűszerezzük, és forrón, friss korianderrel díszítve tálaljuk.

55.Shorbat Hab (Ománi lencse- és árpaleves)

ÖSSZETEVŐK:

- 1 csésze zöld vagy barna lencse, megmosva és lecsepegtetve
- 1/2 csésze árpagyöngy, leöblítve
- 1 hagyma, finomra vágva
- 2 paradicsom, felkockázva
- 2 sárgarépa, kockára vágva
- 2 zellerszár, apróra vágva
- 2 gerezd fokhagyma, felaprítva
- 1 teáskanál őrölt kurkuma
- 1 teáskanál őrölt kömény
- Só és bors ízlés szerint
- 6 csésze csirke- vagy zöldségleves
- 2 evőkanál növényi olaj
- Citromszeletek a tálaláshoz

UTASÍTÁS:

a) Egy nagy edényben melegítsünk növényi olajat közepes lángon. Adjuk hozzá az apróra vágott hagymát és a zúzott fokhagymát, pirítsuk áttetszővé.

b) Adjunk hozzá lencsét, árpát, paradicsomot, sárgarépát, zellert, kurkumát, köményt, sót és borsot. 5 percig főzzük.

c) Felöntjük a húslevessel, és felforraljuk. Csökkentse a hőt, és addig pároljuk, amíg a lencse és az árpa megpuhul.

d) Fűszerezzük, és forrón tálaljuk egy kifacsart citrommal.

56.Ománi Növényi Shurbah

ÖSSZETEVŐK:
- 2 evőkanál növényi olaj
- 1 hagyma, finomra vágva
- 2 sárgarépa, meghámozva és felkockázva
- 2 burgonya, meghámozva és felkockázva
- 1 cukkini, felkockázva
- 1 csésze zöldbab, apróra vágva
- 2 paradicsom, felkockázva
- 3 gerezd fokhagyma, felaprítva
- 1 teáskanál őrölt kömény
- 1 teáskanál őrölt koriander
- 1 teáskanál őrölt kurkuma
- Só és bors ízlés szerint
- 6 csésze zöldségleves
- 1/2 csésze cérnametélt vagy kis tészta
- Friss petrezselyem a díszítéshez

UTASÍTÁS:
a) Egy nagy edényben melegítsünk növényi olajat közepes lángon. Adjuk hozzá az apróra vágott hagymát és a zúzott fokhagymát, pároljuk, amíg megpuhul.
b) Tegyük a kockára vágott sárgarépát, burgonyát, cukkinit, zöldbabot és paradicsomot az edénybe. Körülbelül 5 percig főzzük, időnként megkeverve.
c) Szórjuk a zöldségekre őrölt köményt, koriandert, kurkumát, sózzuk és borsozzuk. Jól átkeverjük, hogy a zöldségeket bekenjük a fűszerekkel.
d) Öntsük fel a zöldséglevessel, és forraljuk fel a keveréket. Ha felforrt, csökkentse a lángot, és hagyja főni körülbelül 15-20 percig, vagy amíg a zöldségek megpuhulnak.
e) Adjunk hozzá cérnametélt vagy kis tésztát az edényhez, és a csomagoláson található utasítások szerint főzzük al dente-ig.
f) Ha szükséges, módosítsa a fűszerezést, és további 5 percig forralja a levest, hogy az ízek összeérjenek.
g) Forrón, friss petrezselyemmel díszítve tálaljuk.

57.Ománi paradicsomos halászlé

ÖSSZETEVŐK:

- 1 közepes chili paprika
- 1 evőkanál növényi olaj
- 2 gerezd fokhagyma, finomra vágva
- 4 csésze víz
- 1 tasak csirkemell leves
- 1 közepes paradicsom, felkockázva
- 300 g királyfilé, apró kockákra vágva
- 1 evőkanál friss petrezselyem

UTASÍTÁS:

a) Egy közepes serpenyőben a chilit és a fokhagymát növényi olajon puhára pároljuk.
b) Adjunk hozzá vizet és forraljuk fel.
c) Adjuk hozzá a csirkemell levest, a kockára vágott paradicsomot és a haldarabokat.
d) Közepes lángon pároljuk 5 percig, vagy amíg a leves besűrűsödik és a hal teljesen meg nem fő.
e) A levest friss petrezselyemmel és citromkarikákkal tálaljuk.

58.Omani-Balochi citromhal curry (Paplo)

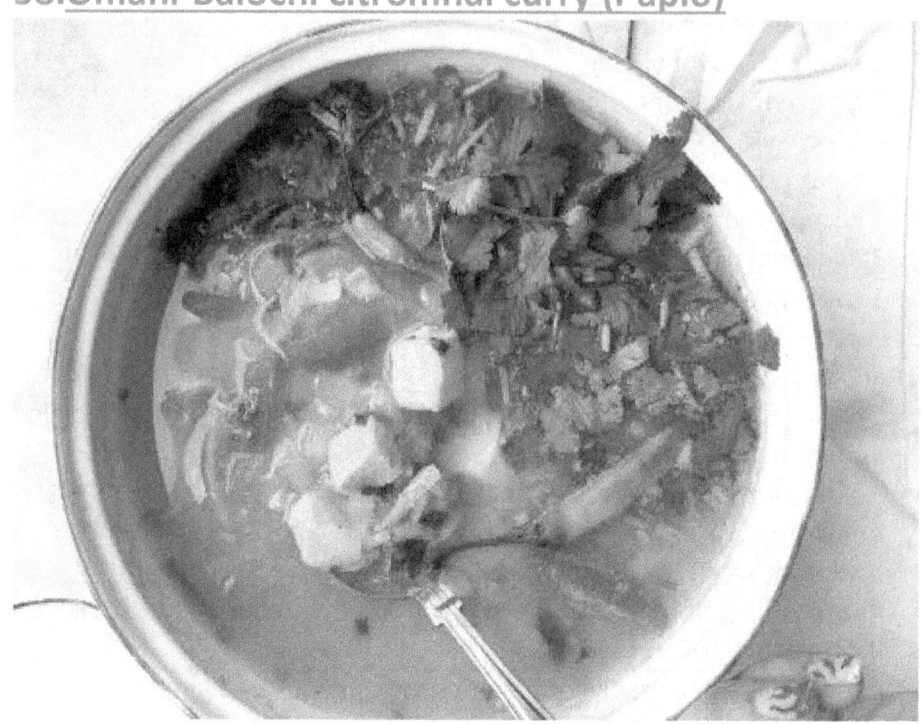

ÖSSZETEVŐK:

- 1 evőkanál fokhagyma
- 2 hagyma, apróra vágva
- 650 g kardhal (vagy alternatíva, apró kockákra vágva)
- 1 evőkanál kurkuma
- 2 közepes paradicsom, negyedelve
- Só ízlés szerint
- 80 ml citromlé (nagyjából 2,5 citrom)
- 1,5 liter víz
- 1/2 teáskanál Baharat
- 2 friss zöld chili durvára vágva
- Kis csokor friss koriander (kb. 30-40 g), apróra vágva

UTASÍTÁS:

a) Egy nagy serpenyőben keverje össze a vizet, a fokhagymát, a hagymát, a chilit, a paradicsomot, a Baharátot és a kurkumát. Felforral.
b) Amikor a keverék elkezd buborékolni, adjuk hozzá az apróra vágott halat a serpenyőbe.
c) Pároljuk a keveréket, amíg a hal teljesen meg nem fő.
d) Adjuk hozzá a sót és a citromlevet, és lassú tűzön pároljuk tovább körülbelül 10 percig, hagyjuk, hogy a keverék néhány centimétert kissé elpárologjon.
e) Tálalás előtt keverjük hozzá a finomra vágott friss koriandert.

59. Vízitorma és csicseriborsó leves rózsavízzel

ÖSSZETEVŐK:

- 2 közepes sárgarépa (összesen 9 uncia / 250 g), ¾ hüvelykes / 2 cm-es kockákra vágva
- 3 evőkanál olívaolaj
- 2½ teáskanál ras el hanout
- ½ teáskanál őrölt fahéj
- 1½ csésze / 240 g főtt csicseriborsó, frissen vagy konzervként
- 1 közepes vöröshagyma, vékonyra szeletelve
- 2½ evőkanál / 15 g hámozott és apróra vágott friss gyömbér
- 2½ csésze / 600 ml zöldségalaplé
- 200 g vízitorma
- 3½ oz / 100 g spenótlevél
- 2 tk szuperfinom cukor
- 1 teáskanál rózsavíz
- só
- Görög joghurt, tálaláshoz (elhagyható)
- Melegítsük elő a sütőt 425°F / 220°C-ra.

UTASÍTÁS

a) Keverjük össze a sárgarépát 1 evőkanál olívaolajjal, a ras el hanouttal, a fahéjjal és egy bőséges csipet sóval, majd egy sütőpapírral bélelt tepsibe terítsük. Tegyük a sütőbe 15 percre, majd adjuk hozzá a csicseriborsó felét, jól keverjük össze, és főzzük további 10 percig, amíg a sárgarépa megpuhul, de még csíp.

b) Közben a hagymát és a gyömbért egy nagy serpenyőbe tesszük. A maradék olívaolajon körülbelül 10 percig pároljuk közepes lángon, amíg a hagyma teljesen megpuhul és aranyszínű lesz. Adjuk hozzá a maradék csicseriborsót, alaplevet, vízitormát, spenótot, cukrot és ¾ teáskanál sót, jól keverjük össze, és forraljuk fel. Főzzük egy-két percig, amíg a levelek megfonnyadnak.

c) Egy robotgép vagy turmixgép segítségével simára keverjük a levest. Adjuk hozzá a rózsavizet, keverjük össze, kóstoljuk meg, és ízlés szerint adjunk hozzá még sót vagy rózsavizet. Tedd félre, amíg a sárgarépa és a csicseriborsó elkészül, majd melegítsd fel a tálaláshoz.

d) A tálaláshoz osszuk el a levest négy tálba, és öntsük a tetejére a forró sárgarépát és a csicseriborsót, és ha úgy tetszik, adagonként körülbelül 2 teáskanál joghurtot.

60.Forró joghurt és árpaleves

ÖSSZETEVŐK:

- 6¾ csésze / 1,6 liter víz
- 1 csésze / 200 g gyöngy árpa
- 2 közepes hagyma, apróra vágva
- 1½ teáskanál szárított menta
- 4 evőkanál / 60 g sótlan vaj
- 2 nagy tojás, felverve
- 2 csésze / 400 g görög joghurt
- ⅔ oz / 20 g friss menta, apróra vágva
- ⅓ uncia / 10 g lapos petrezselyem, apróra vágva
- 3 zöldhagyma, vékonyra szeletelve
- sót és frissen őrölt fekete borsot

UTASÍTÁS

a) Forraljuk fel a vizet az árpával egy nagy serpenyőben, adjunk hozzá 1 teáskanál sót, és pároljuk, amíg az árpa meg nem fő, de még mindig al dente, 15-20 percig. Levesszük a tűzről. A főzés után 4¾ csésze / 1,1 liter főzőfolyadékra lesz szüksége a leveshez; töltsön fel vizet, ha a párolgás miatt kevesebb marad.

b) Amíg az árpa fő, a hagymát és a szárított mentát közepes lángon a vajban puhára pároljuk, körülbelül 15 perc alatt. Ezt adjuk a főtt árpához.

c) A tojásokat és a joghurtot egy nagy hőálló keverőtálban habosra keverjük. Lassan, egy-egy merőkanállal keverjük hozzá az árpából és a vízből, amíg a joghurt fel nem melegszik. Ez temperálja a joghurtot és a tojást, és megakadályozza, hogy szétesjenek, amikor a forró folyadékhoz adják.

d) Adjuk hozzá a joghurtot a leveses fazékhoz, és tegyük vissza közepes lángra, folyamatos kevergetés mellett, amíg a leves nagyon enyhén forr. Levesszük a tűzről, hozzáadjuk az apróra vágott fűszernövényeket és a zöldhagymát, és ellenőrizzük a fűszerezést.

e) Forrón tálaljuk.

SALÁTÁK

61.Ománi tenger gyümölcsei saláta

ÖSSZETEVŐK:

A SALÁTÁHOZ:
- 500 g cápahús főzve és felkockázva
- 1 csésze uborka, kockára vágva
- 1 csésze paradicsom, felkockázva
- 1/2 csésze vöröshagyma, apróra vágva
- 1/4 csésze friss koriander, apróra vágva
- 1/4 csésze friss menta, apróra vágva
- 1 zöld chili finomra vágva (ízlés szerint)
- Só és bors ízlés szerint

AZ ÖLTÖZÉSHEZ:
- 3 evőkanál olívaolaj
- 2 evőkanál citromlé
- 1 teáskanál őrölt kömény
- 1 teáskanál őrölt koriander
- Só és bors ízlés szerint

UTASÍTÁS:

a) Győződjön meg róla, hogy a cápahús alaposan átsült. Grillezheti, sütheti vagy buggyanthatja. Ha megsült, hagyjuk kihűlni, majd falatnyi darabokra vágjuk.

b) Egy nagy tálban keverje össze a felkockázott cápahúst, az uborkát, a paradicsomot, a lilahagymát, a koriandert, a mentát és a zöld chilit.

KÉSZÍTSÜK EL AZ ÖLTÖZETET:

c) Egy kis tálban keverjük össze az olívaolajat, a citromlevet, az őrölt köményt, az őrölt koriandert, a sót és a borsot.

A SALÁTA ÖSSZEÁLLÍTÁSA:

d) Öntsük az öntetet a saláta hozzávalóira, és óvatosan keverjük össze, amíg minden jól be nem vonódik.

e) A salátát legalább 30 percre hűtőbe tesszük, hogy az ízek összeérjenek.

f) Tálalás előtt a salátát utoljára dobjuk fel. Sózzuk és borsozzuk, ha szükséges.

g) Az ománi ihletésű cápasalátát hűtve tálaljuk.

62.Ománi paradicsom-uborkasaláta

ÖSSZETEVŐK:

- 4 paradicsom, felkockázva
- 2 uborka, felkockázva
- 1 vöröshagyma, apróra vágva
- 1 zöld chili, apróra vágva
- Friss koriander, apróra vágva
- 2 citrom leve
- Só és bors ízlés szerint

UTASÍTÁS:

a) Keverje össze a paradicsomot, az uborkát, a lilahagymát, a zöld chilit és a koriandert egy tálban.
b) Adjunk hozzá citromlevet, sót és borsot. Dobd össze.
c) Tálalás előtt egy órára hűtőbe tesszük.

63. Ománi spenót és gránátalma saláta

ÖSSZETEVŐK:
- 4 csésze friss spenótlevél
- 1 csésze gránátalma mag
- 1/2 csésze feta sajt, morzsolva
- 1/4 csésze dió, apróra vágva
- Olivaolaj
- Balzsamecet
- Só és bors ízlés szerint

UTASÍTÁS:
a) A spenótleveleket tálalótálra rendezzük.
b) A spenótra szórjuk a gránátalma magokat, a feta sajtot és a darált diót.
c) Meglocsoljuk olívaolajjal és balzsamecettel.
d) Sózzuk, borsozzuk. Tálalás előtt óvatosan átforgatjuk.

64. ománi csicseriborsó saláta (Salatat Hummus)

ÖSSZETEVŐK:

- 2 csésze főtt csicseriborsó
- 1 uborka, felkockázva
- 1 paradicsom, felkockázva
- 1/2 vöröshagyma, apróra vágva
- 1/4 csésze apróra vágott friss menta
- 1/4 csésze apróra vágott friss petrezselyem
- 1 citrom leve
- 2 evőkanál olívaolaj
- Só és bors, ízlés szerint

UTASÍTÁS:

a) Egy tálban keverjük össze a csicseriborsót, az uborkát, a paradicsomot, a lilahagymát, a mentát és a petrezselymet.
b) Meglocsoljuk citromlével és olívaolajjal.
c) Sózzuk, borsozzuk.
d) A salátát jól átforgatjuk, és hűtve tálaljuk.

65.Omani Tabbouleh saláta

ÖSSZETEVŐK:
- 1 csésze bulgur búza, 1 órára forró vízbe áztatva
- 2 csésze friss petrezselyem, finomra vágva
- 1 csésze friss mentalevél, apróra vágva
- 4 paradicsom apróra vágva
- 1 uborka, apróra vágva
- 1/2 csésze vöröshagyma, apróra vágva
- 3 citrom leve
- Olivaolaj
- Só és bors ízlés szerint

UTASÍTÁS:
a) A beáztatott bulgurt lecsepegtetjük, és egy nagy tálba tesszük.
b) Adjunk hozzá apróra vágott petrezselymet, mentát, paradicsomot, uborkát és lilahagymát.
c) Egy kis tálban keverjük össze a citromlevet és az olívaolajat. Ráöntjük a salátára.
d) Sózzuk, borsozzuk. Jól átforgatjuk, és tálalás előtt legalább 30 percre hűtőbe tesszük.

66.Omani Fattoush saláta

ÖSSZETEVŐK:
- 2 csésze vegyes saláta zöldje (saláta, rukkola, radicchio)
- 1 uborka, felkockázva
- 2 paradicsom, felkockázva
- 1 piros kaliforniai paprika, apróra vágva
- 1/2 csésze retek, szeletelve
- 1/4 csésze friss mentalevél, apróra vágva
- 1/4 csésze friss petrezselyem, apróra vágva
- 1/4 csésze olívaolaj
- 1 citrom leve
- 1 teáskanál szömörce
- Só és bors ízlés szerint
- Pita kenyér, pirítva és darabokra törve

UTASÍTÁS:
a) Egy nagy tálban keverje össze a saláta zöldjét, az uborkát, a paradicsomot, a kaliforniai paprikát, a retket, a mentát és a petrezselymet.
b) Egy kis tálban keverjük össze az olívaolajat, a citromlevet, a szömörcet, a sót és a borsot.
c) Öntsük az öntetet a salátára, és keverjük össze.
d) Tálalás előtt megkenjük pirított pita kenyérszeletekkel.

67.Ománi karfiol, bab és rizs saláta

ÖSSZETEVŐK:
A SALÁTÁHOZ:
- 1 csésze főtt basmati rizs, lehűtve
- 1 kis fej karfiol rózsákra vágva
- 1 doboz (15 uncia) vesebab, lecsepegtetve és leöblítve
- 1/2 csésze apróra vágott friss petrezselyem
- 1/4 csésze apróra vágott friss mentalevél
- 1/4 csésze szeletelt zöldhagyma

AZ ÖLTÖZÉSHEZ:
- 3 evőkanál olívaolaj
- 2 evőkanál citromlé
- 1 teáskanál őrölt kömény
- 1 teáskanál őrölt koriander
- Só és bors ízlés szerint

UTASÍTÁS:
a) Melegítsd elő a sütőt 200°C-ra (400°F).
b) Dobjuk meg a karfiol rózsákat egy kis olívaolajjal, sózzuk és borsozzuk.
c) Terítsd ki őket egy sütőlapra, és süsd körülbelül 20-25 percig, vagy amíg aranybarna és puha nem lesz. Hagyja kihűlni.
d) Főzzük meg a basmati rizst a csomagoláson található utasítások szerint. Ha megsült, hagyjuk szobahőmérsékletűre hűlni.
e) Egy kis tálban keverjük össze az olívaolajat, a citromlevet, az őrölt köményt, az őrölt koriandert, a sót és a borsot. A fűszerezést ízlés szerint állítsa be.
f) Egy nagy salátástálban keverjük össze a kihűlt rizst, a pirított karfiolt, a vesebabot, az apróra vágott petrezselymet, az apróra vágott mentát és a szeletelt zöldhagymát.
g) Öntsük az öntetet a saláta hozzávalóira, és óvatosan keverjük össze, amíg minden jól be nem vonódik.
h) Tálalás előtt a salátát legalább 30 percre hűtőbe tesszük, hogy az ízek összeérjenek.
i) Tálaljuk lehűtve, és ízlés szerint további friss fűszernövényekkel díszítjük.

68.Ománi datolya és diósaláta

ÖSSZETEVŐK:

- 1 csésze vegyes saláta zöldje
- 1 csésze datolya kimagozva és apróra vágva
- 1/2 csésze dió, apróra vágva
- 1/4 csésze feta sajt, morzsolva
- Balzsames vinaigrette öntet

UTASÍTÁS:

a) Rendezzük a saláta zöldjét egy tálra.
b) A zöldekre vágott datolyát, diót és morzsolt feta sajtot szórunk.
c) Meglocsoljuk balzsamos vinaigrette öntettel.
d) Tálalás előtt óvatosan átforgatjuk.

69. Ománi sárgarépa és narancs saláta

ÖSSZETEVŐK:

- 4 csésze reszelt sárgarépa
- 2 narancs meghámozva és szeletekre vágva
- 1/4 csésze mazsola
- 1/4 csésze apróra vágott pisztácia
- Narancs vinaigrette öntet

UTASÍTÁS:

a) Egy nagy tálban keverje össze a felaprított sárgarépát, a narancsszeleteket, a mazsolát és a pisztáciát.
b) Meglocsoljuk narancssárga vinaigrette öntettel.
c) Jól átforgatjuk, és tálalás előtt legalább 30 percre hűtőbe tesszük.

70.Omani Quinoa saláta

ÖSSZETEVŐK:

- 1 csésze főtt quinoa
- 1 csésze koktélparadicsom félbevágva
- 1 uborka, felkockázva
- 1/2 csésze feta sajt, morzsolva
- 1/4 csésze Kalamata olajbogyó, szeletelve
- Friss oregánó, apróra vágva
- Olivaolaj
- vörösborecet
- Só és bors ízlés szerint

UTASÍTÁS:

a) Egy nagy tálban keverje össze a főtt quinoát, a koktélparadicsomot, az uborkát, a feta sajtot, az olajbogyót és a friss oregánót.
b) Meglocsoljuk olívaolajjal és vörösborecettel.
c) Sózzuk, borsozzuk. Tálalás előtt óvatosan átforgatjuk.

71.Ománi cékla és joghurtos saláta

ÖSSZETEVŐK:
- 2 közepes méretű cékla megfőzve és felkockázva
- 1 csésze joghurt
- 2 gerezd fokhagyma, felaprítva
- Só ízlés szerint
- Díszítésnek apróra vágott mentalevél

UTASÍTÁS:
a) Egy tálban keverjük össze a kockára vágott céklát és a joghurtot.
b) Adjuk hozzá a darált fokhagymát és a sót, jól keverjük össze.
c) Díszítsük apróra vágott mentalevéllel.
d) Tálalás előtt hűtsük le.

72.Ománi káposzta saláta

ÖSSZETEVŐK:
- 1 kis káposzta, apróra vágva
- 1 sárgarépa, lereszelve
- 1/2 csésze majonéz
- 1 evőkanál fehér ecet
- 1 evőkanál cukor
- Só és bors, ízlés szerint

UTASÍTÁS:
a) Egy nagy tálban keverjük össze a felaprított káposztát és a reszelt sárgarépát.
b) Egy külön tálban keverjük össze a majonézt, a fehér ecetet, a cukrot, a sót és a borsot az öntethez.
c) Öntsük az öntetet a káposztakeverékre, és addig keverjük, amíg jó bevonat nem lesz.
d) Tálalás előtt hűtsük le.

73.Ománi lencsesaláta (Salatat hirdetések)

ÖSSZETEVŐK:

- 1 csésze főtt barna lencse
- 1 uborka, felkockázva
- 1 paradicsom, felkockázva
- 1 vöröshagyma, apróra vágva
- Friss koriander, apróra vágva
- Olivaolaj
- Citromlé
- Őrölt kömény
- Só és bors, ízlés szerint

UTASÍTÁS:

a) Egy tálban keverjük össze a főtt lencsét, a felkockázott uborkát, a kockára vágott paradicsomot és az apróra vágott lilahagymát.
b) Meglocsoljuk olívaolajjal és citromlével.
c) Szórjuk rá az őrölt köményt, friss koriandert, sózzuk, borsozzuk.
d) Óvatosan ráforgatjuk a salátát, és hűtve tálaljuk.

DESSZERT

74.Omani rózsavíz puding (Mahalabiya)

ÖSSZETEVŐK:

- 1/2 csésze rizsliszt
- 4 csésze tej
- 1 csésze cukor
- 1 teáskanál rózsavíz
- Díszítésnek apróra vágott pisztácia

UTASÍTÁS:

a) Egy tálban feloldjuk a rizslisztet kis mennyiségű tejben, hogy sima masszát kapjunk.
b) Egy serpenyőben közepes lángon melegítsük fel a maradék tejet és a cukrot.
c) Adjuk hozzá a rizsliszt masszát a serpenyőbe, folyamatosan keverjük, amíg be nem sűrűsödik.
d) Vegyük le a tűzről, és keverjük hozzá a rózsavízhez.
e) A keveréket tálalóedényekbe öntjük és hagyjuk kihűlni.
f) Ha megdermedt, hűtőbe tesszük, amíg kihűl.
g) Tálalás előtt apróra vágott pisztáciával díszítjük.

75.Omani Halwa (édes zselés desszert)

ÖSSZETEVŐK:

- 1/2 csésze kukoricaliszt
- 2 csésze Víz
- 1 csésze porcukor
- 2 evőkanál kesudió apróra vágva (vagy mandula vagy pisztácia)
- 1 evőkanál vaj
- 1/4 teáskanál őrölt kardamom
- 2 csipet rózsavíz
- 1 csipet sáfrányszálak

UTASÍTÁS:

a) Keverje el a kukoricalisztet (1/2 csésze) vízben (2 csésze), és tegye félre.
b) Egy vastag fenekű serpenyőben karamellizáljuk a porcukrot (1 csésze). Csökkentsük a lángot, és öntsük hozzá a kukoricaliszttel elkevert vizet. A karamellizált cukor kezdetben megkeményedik, de felforrósodva megolvad és sima folyadékká válik.
c) Folyamatosan keverjük, hogy elkerüljük a csomósodást. Ahogy a keverék besűrűsödik, adjon hozzá apróra vágott kesudiót (2 evőkanál), vajat (1 evőkanál), őrölt kardamomot (1/4 teáskanál), rózsavizet (2 csipet) és sáfrányszálakat (1 csipet).
d) Hagyja, hogy a keverék sűrűsödjön, és addig, amíg el nem kezdi elhagyni a serpenyő oldalát.
e) Kapcsolja le a lángot. Lehet, hogy a halwa nem szilárdul meg azonnal, de hűlés közben besűrűsödik.

76.Omani Mushaltat

ÖSSZETEVŐK:
A TÉSZTÁHOZ:
- 4 csésze Univerzális liszt
- 1 teáskanál Só
- 1 evőkanál cukor
- 1 teáskanál sütőpor
- 1 csésze meleg víz
- 1/2 csésze tej
- 2 evőkanál Ghee, olvasztott

A TÖLTETÉSHEZ:
- 2 csésze fehér sajt (például Akkawi vagy Halloumi), felaprítva
- 1 csésze friss petrezselyem, apróra vágva
- 1/2 csésze zöldhagyma, apróra vágva
- 1/2 csésze friss koriander, apróra vágva
- 1/2 csésze friss menta, apróra vágva
- 1/2 csésze feta sajt, morzsolva
- 1 teáskanál fekete szezámmag (elhagyható, díszítéshez)

KEFETÉSHEZ:
- 2 evőkanál Ghee, olvasztott

UTASÍTÁS:
A TÉSZTA ELKÉSZÍTÉSE:
a) Egy nagy keverőtálban keverje össze az univerzális lisztet, a sót, a cukrot és a sütőport.
b) Fokozatosan adjuk hozzá a meleg vizet és a tejet a száraz hozzávalókhoz, folyamatosan keverjük.
c) A tésztát addig gyúrjuk, amíg sima és rugalmas nem lesz.
d) Az olvasztott ghee-t öntsük a tésztára, és folytassuk a gyúrást, amíg jól be nem keveredik.
e) A tésztát nedves ruhával letakarjuk, és kb 1 órát pihentetjük.

ELKÉSZÍTSE A TÖLTETÉST:
f) Egy külön tálban keverje össze a reszelt fehér sajtot, a friss petrezselymet, a zöldhagymát, a koriandert, a mentát és a morzsolt fetát.

A MUSHALTAT ÖSSZESZERELÉSE:
g) Melegítsük elő a sütőt 200°C-ra (392°F).
h) A megpihent tésztát kis adagokra osztjuk. Minden részt golyóvá forgatunk.
i) Lisztezett felületen tésztagolyót nyújtunk vékony kör alakra.
j) A tésztakör egyik felére tegyünk bőséges mennyiségű sajtos és fűszernövényes tölteléket.
k) A tészta másik felét ráhajtjuk a töltelékre, hogy félkör alakú formát kapjunk. A széleket összenyomva zárjuk le.
l) Az összeállított Mushaltat tepsire helyezzük.

SÜT:
m) Kenje meg minden Mushaltat tetejét olvasztott ghível.
n) Díszítésként szórjunk a tetejére fekete szezámmagot.
o) Előmelegített sütőben körülbelül 15-20 percig sütjük, vagy amíg aranybarna nem lesz.
p) Ha megsült, tálalás előtt hagyjuk kissé kihűlni a Mushaltat-ot.
q) Tálalja melegen, és élvezze az Omani Mushaltat elragadó ízeit!

77. Ománi datolya torta

ÖSSZETEVŐK:

- 2 csésze univerzális liszt
- 1 csésze vaj, megpuhult
- 1 csésze cukor
- 4 tojás
- 1 csésze datolyapaszta
- 1 teáskanál őrölt kardamom
- 1 teáskanál sütőpor
- 1/2 csésze apróra vágott dió (dió vagy mandula)

UTASÍTÁS:

a) Melegítsük elő a sütőt 350 °F-ra (175 °C). Egy tortaformát kivajazunk és lisztezzünk.
b) Egy tálban keverjük össze a vajat és a cukrot, amíg világos és habos nem lesz.
c) Egyenként hozzáadjuk a tojásokat, minden hozzáadás után jól felverjük.
d) Keverje hozzá a datolyapürét, az őrölt kardamomot és az apróra vágott diót.
e) A lisztet és a sütőport szitáljuk össze, majd fokozatosan adjuk a masszához, addig keverjük, amíg jól össze nem áll.
f) Öntse a masszát az előkészített tortaformába.
g) Süssük körülbelül 40-45 percig, vagy amíg a közepébe szúrt fogpiszkáló tisztán ki nem jön.
h) Szeletelés előtt hagyjuk kihűlni a tortát.

78.Ománi Qamar al-Din puding

ÖSSZETEVŐK:

- 1 csésze szárított sárgabarack paszta (Qamar al-Din)
- 4 csésze víz
- 1/2 csésze cukor (ízlés szerint)
- 1/4 csésze kukoricakeményítő
- 1 teáskanál narancsvirágvíz (elhagyható)
- Díszítésnek apróra vágott dió

UTASÍTÁS:

a) Egy serpenyőben közepes lángon vízben oldjuk fel a sárgabarackpürét.
b) Adjunk hozzá cukrot, és keverjük, amíg fel nem oldódik.
c) Egy külön tálban keverje össze a kukoricakeményítőt kis mennyiségű vízzel, hogy sima pasztát kapjon.
d) Fokozatosan adjuk hozzá a kukoricakeményítő masszát a kajszibarack keverékhez, folyamatosan keverjük, amíg besűrűsödik.
e) Vegyük le a tűzről, és ha használjuk, keverjük hozzá narancsvirágvizet.
f) A keveréket tálalóedényekbe öntjük és hagyjuk kihűlni.
g) Hűtőbe tesszük dermedésig.
h) Tálalás előtt apróra vágott dióval díszítjük.

79. Kardamomos rizspuding

ÖSSZETEVŐK:

- 1 csésze basmati rizs
- 4 csésze tej
- 1 csésze cukor
- 1 teáskanál őrölt kardamom
- 1/2 csésze mazsola
- Darált mandula a díszítéshez

UTASÍTÁS:

a) A basmati rizst leöblítjük, és majdnem készre főzzük.
b) Egy külön edényben közepes lángon hevítsük fel a tejet és a cukrot, keverjük addig, amíg a cukor fel nem oldódik.
c) Adjuk hozzá a részben főtt rizst a tejes keverékhez.
d) Keverje hozzá az őrölt kardamomot, és adjon hozzá mazsolát.
e) Alacsony lángon főzzük, amíg a rizs teljesen meg nem fő, és a keverék besűrűsödik.
f) Levesszük a tűzről és hagyjuk kihűlni.
g) Hűtőbe tesszük, amíg kihűl.
h) Tálalás előtt aprított mandulával díszítjük.

80.Omani Luqaimat (édes gombóc)

ÖSSZETEVŐK:

- 2 csésze univerzális liszt
- 1 evőkanál cukor
- 1 teáskanál élesztő
- 1 csésze meleg víz
- Olaj a sütéshez
- Szezámmag és méz a díszítéshez

UTASÍTÁS:

a) Egy tálban keverjük össze a lisztet, a cukrot, az élesztőt és a meleg vizet, hogy sima tésztát kapjunk. Hagyjuk kelni kb 1-2 órát.
b) Egy mély serpenyőben olajat hevítünk.
c) Egy kanál segítségével kis adagokat csepegtess a tésztából a forró olajba, hogy kis gombócokat formázzon.
d) Aranybarnára sütjük.
e) Kivesszük az olajból és papírtörlőn leszűrjük.
f) Tálalás előtt meglocsoljuk mézzel és megszórjuk szezámmaggal.

81.Ománi rózsa sütik (Qurabiya)

ÖSSZETEVŐK:

- 2 csésze búzadara
- 1 csésze ghí, olvasztott
- 1 csésze porcukor
- 1 teáskanál rózsavíz
- Díszítésnek apróra vágott pisztácia

UTASÍTÁS:

a) Egy tálban keverjük össze a búzadarát, az olvasztott ghit, a porcukrot és a rózsavizet, hogy tésztát kapjunk.
b) A tésztából kis sütiket formázunk.
c) Helyezze a sütiket egy tepsire.
d) 175°C-ra előmelegített sütőben körülbelül 15-20 percig sütjük, vagy amíg aranybarna nem lesz.
e) Díszítsük apróra vágott pisztáciával, és tálalás előtt hagyjuk kihűlni.

82.Ománi banán és datolya torta

ÖSSZETEVŐK:

- 1 lap kész leveles tészta
- 3 érett banán, szeletelve
- 1 csésze datolya kimagozva és apróra vágva
- 1/2 csésze méz
- Díszítésnek apróra vágott dió

UTASÍTÁS:

a) A leveles tésztalapot kinyújtjuk, és egy tortaformába tesszük.
b) A felszeletelt banánt és az apróra vágott datolyát elrendezzük a tésztán.
c) Csorgassunk mézet a gyümölcsökre.
d) 190°C-ra előmelegített sütőben kb 20-25 percig sütjük, vagy amíg a tészta aranybarna nem lesz.
e) Tálalás előtt apróra vágott dióval díszítjük.

83.Ománi sáfrányos fagylalt

ÖSSZETEVŐK:

- 2 csésze nehéz tejszín
- 1 csésze sűrített tej
- 1/2 csésze cukor
- 1 teáskanál sáfrányszál, meleg vízbe áztatva
- Díszítésnek apróra vágott pisztácia

UTASÍTÁS:

a) Egy tálban kemény habbá verjük a tejszínt.
b) Egy külön tálban keverjük össze a sűrített tejet, a cukrot és a sáfrányos vizet.
c) A sűrített tejet óvatosan a tejszínhabbal keverjük.
d) Tegye a keveréket egy edénybe, és fagyassza le legalább 4 órán keresztül.
e) Tálalás előtt apróra vágott pisztáciával díszítjük.

84.Ománi krémkaramell (Muhallabia)

ÖSSZETEVŐK:

- 1/2 csésze rizsliszt
- 4 csésze tej
- 1 csésze cukor
- 1 teáskanál rózsavíz
- 1 teáskanál narancsvirágvíz
- Díszítésnek apróra vágott pisztácia

UTASÍTÁS:

a) Egy serpenyőben oldjuk fel a rizslisztet kis mennyiségű tejben, hogy sima tésztát kapjunk.
b) Egy külön edényben közepes lángon melegítsük fel a maradék tejet és a cukrot.
c) Adjuk hozzá a rizsliszt pasztát a tejes keverékhez, folyamatosan keverjük, amíg a keverék besűrűsödik.
d) Vegyük le a tűzről, és keverjük hozzá a rózsavizet és a narancsvirágvizet.
e) A keveréket tálalóedényekbe öntjük és hagyjuk kihűlni.
f) Hűtőbe tesszük dermedésig.
g) Tálalás előtt apróra vágott pisztáciával díszítjük.

ITALOK

85. Kasmír Kahwa

ÖSSZETEVŐK:

- 4 csésze víz
- 4-5 zöld kardamom hüvely összetörve
- 4-5 egész szegfűszeg
- 1 fahéjrúd
- 1 teáskanál finomra reszelt friss gyömbér
- 2 evőkanál zöld tealevél
- Egy csipet sáfrányszál
- 4-5 mandula, blansírozva és felszeletelve
- 4-5 pisztácia apróra vágva
- Méz vagy cukor ízlés szerint

UTASÍTÁS:

a) Egy serpenyőben forraljunk fel 4 csésze vizet.
b) Adjunk hozzá zöld kardamom hüvelyt, egész szegfűszeget, fahéjrudat és finomra reszelt friss gyömbért a forrásban lévő vízhez.
c) Hagyja a fűszereket 5-7 percig párolódni, hogy az ízük belekerüljön a vízbe.
d) Csökkentse a hőt alacsonyra, és adj hozzá zöld tealeveleket a fűszeres vízhez.
e) Hagyja a teát ázni körülbelül 2-3 percig. Ügyeljen arra, hogy ne meredjen túl, hogy elkerülje a keserűséget.
f) Adjon hozzá egy csipet sáfrányszálat a teához, hogy élénk színét és finom ízét adja át.
g) Keverje hozzá a blansírozott és szeletelt mandulát, valamint az apróra vágott pisztáciát.
h) Édesítse a Kashmiri Kahwát mézzel vagy cukorral ízlése szerint. Jól keverjük fel, hogy feloldódjon.
i) Szűrje le a Kashmiri Kahwát csészékbe vagy kis tálkákba, hogy eltávolítsa a tealeveleket és az egész fűszereket.
j) A teát forrón tálaljuk, és ízlés szerint további diófélékkel díszítjük.

86.Ománi Sherbat

ÖSSZETEVŐK:

- 1 liter tej
- 1 csésze cukor
- 1/2 csésze tejszín
- Néhány csepp vanília esszenciát
- 1 teáskanál szeletelt mandula
- 1 teáskanál szeletelt pisztácia
- 1 evőkanál vaníliás puding
- 1 csipet sáfrány

UTASÍTÁS:

a) Egy lábosban felforraljuk a tejet.
b) A forrásban lévő tejhez adjuk hozzá a cukrot, a tejszínt, a vanília esszenciát, a vanília pudingot, a sáfrányt, a szeletelt mandulát és a felszeletelt pisztáciát.
c) A keveréket lassú tűzön főzzük, amíg a tej besűrűsödik. Folyamatosan keverjük, hogy ne tapadjon az aljára.
d) Vegyük le az edényt a tűzről, és hagyjuk szobahőmérsékletűre hűlni a serbátot.
e) Ha kihűlt, tegyük be a hűtőbe, hogy alaposan lehűljön.
f) Az ománi serbat készen áll a tálalásra.
g) A kihűlt zsirbát öntsük poharakba, és ízlés szerint díszítsük további szeletelt mandulával és pisztáciával.

87.Ománi mentás limonádé (Limon w Nana)

ÖSSZETEVŐK:

- 4 citrom levében
- 1/2 csésze cukor
- 6 csésze víz
- Friss menta levelek
- Jégkockák

UTASÍTÁS:

a) Egy kancsóban keverjük össze a citromlevet és a cukrot, amíg a cukor fel nem oldódik.
b) Adjunk hozzá vizet és jól keverjük össze.
c) Törjünk össze néhány mentalevelet, és tegyük a kancsóba.
d) Hűtőbe tesszük legalább 1 órára.
e) Friss mentalevéllel díszítve jégkockákra tálaljuk.

88.Omani Sahlab

ÖSSZETEVŐK:

- 2 csésze tej
- 2 evőkanál sahlab por (őrölt orchidea gyökér)
- 2 evőkanál cukor
- 1/2 teáskanál őrölt fahéj
- Díszítésnek zúzott pisztácia

UTASÍTÁS:

a) Egy serpenyőben közepes lángon melegítsd fel a tejet.
b) Egy kis tálban keverjük össze a sahlab port kevés hideg tejjel, hogy sima pasztát kapjunk.
c) A meleg tejhez adjuk a sahlab pasztát és a cukrot, folyamatosan keverjük, amíg besűrűsödik.
d) Levesszük a tűzről és hagyjuk kihűlni.
e) Tálalópoharakba töltjük, megszórjuk őrölt fahéjjal, és zúzott pisztáciával díszítjük.

89.ománi tamarind lé (Tamar hindi)

ÖSSZETEVŐK:

- 1 csésze tamarind paszta
- 4 csésze víz
- Cukor (elhagyható, ízlés szerint)
- Jégkockák
- Mentalevél díszítéshez

UTASÍTÁS:
a) Keverje össze a tamarindpasztát vízzel egy kancsóban.
b) Ízlés szerint cukorral édesítjük.
c) Keverje jól, amíg a tamarind paszta teljesen fel nem oldódik.
d) Hűtőbe tesszük legalább 1 órára.
e) Mentalevéllel díszítve jégkockákra tálaljuk.

90.Ománi rózsavíz limonádé

ÖSSZETEVŐK:

- 4 citrom levében
- 1/4 csésze cukor (ízlés szerint)
- 4 csésze hideg víz
- 1 evőkanál rózsavíz
- Jégkockák
- Friss rózsaszirom díszítéshez

UTASÍTÁS:

a) Egy kancsóban keverjük össze a frissen facsart citromlevet és a cukrot.
b) Adjunk hozzá hideg vizet, és keverjük addig, amíg a cukor fel nem oldódik.
c) Hozzákeverjük a rózsavizet.
d) Hűtőbe tesszük legalább 1 órára.
e) Jégkockákra tálaljuk, és friss rózsaszirmokkal díszítjük.

91. Omani Jallab

ÖSSZETEVŐK:

- 1 csésze szőlőmelasz (dib)
- 4 csésze víz
- 1 evőkanál rózsavíz
- Jégkockák
- Díszítésnek fenyőmag és apróra vágott pisztácia
- Mazsola a tálaláshoz

UTASÍTÁS:
a) Keverje össze a szőlőmelaszt vízzel egy kancsóban.
b) Adjunk hozzá rózsavizet, és jól keverjük össze.
c) Hűtőbe tesszük legalább 1 órára.
d) Tálaljuk jégkockákra, fenyőmaggal és apróra vágott pisztáciával díszítve.
e) Opcionálisan minden adaghoz adjunk mazsolát.

92.Ománi sáfránytej (Haleeb al-Za'fran)

ÖSSZETEVŐK:

- 2 csésze tej
- 1/4 teáskanál sáfrányszál, meleg vízbe áztatva
- 2 evőkanál méz (ízlés szerint)
- Díszítésnek őrölt fahéj

UTASÍTÁS:
a) A tejet egy serpenyőben melegre melegítjük.
b) Adjunk hozzá sáfrányos vizet és mézet, jól keverjük össze.
c) Töltsük tálalópoharakba.
d) Díszítsük egy csipetnyi őrölt fahéjjal.
e) Melegen tálaljuk.

93.Ománi banános datolyaturmix

ÖSSZETEVŐK:

- 2 érett banán
- 1/2 csésze datolya, kimagozva és apróra vágva
- 1 csésze joghurt
- 1 csésze tej
- Méz (elhagyható, ízlés szerint)
- Jégkockák

UTASÍTÁS:
a) Turmixgépben keverje össze az érett banánt, az apróra vágott datolyát, a joghurtot és a tejet.
b) Keverjük simára.
c) Ízlés szerint mézzel édesítjük.
d) Adjunk hozzá jégkockákat, és keverjük újra.
e) Poharakba töltjük és kihűtve tálaljuk.

94.Ományi Gránátalma Mocktail

ÖSSZETEVŐK:

- 1 csésze gránátalmalé
- 1/2 csésze narancslé
- 1/4 csésze citromlé
- Szódavíz
- Cukor (elhagyható, ízlés szerint)
- Jégkockák
- Díszítésnek narancsszeletek

UTASÍTÁS:

a) Egy kancsóban keverjük össze a gránátalma-, narancs- és citromlevet.
b) Ízlés szerint cukorral édesítjük.
c) Töltsük meg a poharakat jégkockákkal.
d) Öntsük a lé keveréket a jégre.
e) Felöntjük szódavízzel.
f) Díszítsük narancs szeletekkel.

95.Ománi sáfrányos limonádé

ÖSSZETEVŐK:

- 4 citrom levében
- 1/4 teáskanál sáfrányszál, meleg vízbe áztatva
- 1/2 csésze cukor (ízlés szerint)
- 4 csésze hideg víz
- Jégkockák
- Friss mentalevél a díszítéshez

UTASÍTÁS:

a) Egy kancsóban keverjük össze a frissen facsart citromlevet, a sáfrányos vizet és a cukrot.
b) Adjunk hozzá hideg vizet, és keverjük addig, amíg a cukor fel nem oldódik.
c) Hűtőbe tesszük legalább 1 órára.
d) Jégkockákra tálaljuk, és friss mentalevéllel díszítjük.

96.Ománi fahéjas datolya turmix

ÖSSZETEVŐK:
- 1 csésze datolya, kimagozva és apróra vágva
- 2 csésze tej
- 1/2 teáskanál őrölt fahéj
- Méz (elhagyható, ízlés szerint)
- Jégkockák

UTASÍTÁS:
a) Turmixgépben keverjük össze az apróra vágott datolyát, a tejet és az őrölt fahéjat.
b) Keverjük simára.
c) Ízlés szerint mézzel édesítjük.
d) Adjunk hozzá jégkockákat, és keverjük újra.
e) Poharakba töltjük és kihűtve tálaljuk.

97.Ománi kókuszos kardamom shake

ÖSSZETEVŐK:

- 1 csésze kókusztej
- 1 csésze natúr joghurt
- 1/2 teáskanál őrölt kardamom
- Cukor vagy méz (ízlés szerint)
- Jégkockák
- Díszítésnek pirított kókuszreszelék

UTASÍTÁS:

a) Turmixgépben keverje össze a kókusztejet, a natúr joghurtot, az őrölt kardamomot és az édesítőt.
b) Keverjük jól össze.
c) Adjunk hozzá jégkockákat, és keverjük újra.
d) Poharakba töltjük, és pirított kókuszreszelékkel díszítjük.

98.Omani menta zöld tea

ÖSSZETEVŐK:

- 2 zacskó zöld tea
- 4 csésze forró víz
- 1/4 csésze friss mentalevél
- Cukor vagy méz (ízlés szerint)
- Jégkockák
- Citromszeletek a díszítéshez

UTASÍTÁS:

a) Meredek zöld tea zacskókat forró vízben körülbelül 3-5 percig.
b) Adjunk hozzá friss mentaleveleket a forró teához.
c) Édesítsük cukorral vagy mézzel, és jól keverjük össze.
d) Hagyja kihűlni a teát, majd hűtse le.
e) Jégkockákra tálaljuk, citromszeletekkel díszítve.

99.Ománi narancsvirágos jeges tea

ÖSSZETEVŐK:
- 4 zacskó fekete tea
- 4 csésze forró víz
- 1/4 csésze narancsvirágvíz
- Cukor vagy méz (ízlés szerint)
- Jégkockák
- Díszítésnek narancsszeletek

UTASÍTÁS:
a) Meredek fekete tea zacskókat forró vízben körülbelül 3-5 percig.
b) Adjunk hozzá narancsvirágvizet, és édesítsük cukorral vagy mézzel.
c) Jól keverjük össze, és hagyjuk kihűlni a teát, majd hűtsük le.
d) Jégkockákra tálaljuk, narancsszeletekkel díszítve.

100.Ománi gránátalma menta hűtő

ÖSSZETEVŐK:
- 1 csésze gránátalmalé
- 1/2 csésze friss mentalevél
- 1 evőkanál méz
- 4 csésze hideg víz
- Jégkockák
- Díszítésnek gránátalma

UTASÍTÁS:
a) Egy turmixgépben keverje össze a gránátalma levét, a friss mentaleveleket és a mézet.
b) Addig turmixoljuk, amíg a menta finomra nem vág.
c) Szűrjük a keveréket egy kancsóba.
d) Adjunk hozzá hideg vizet és jól keverjük össze.
e) Hűtőbe tesszük legalább 1 órára.
f) Jégkockákra tálaljuk, és gránátalma-virággal díszítjük.

KÖVETKEZTETÉS

Az "Omán gazdag ízei" felfedezésének befejezésekor szívből jövő köszönetünket fejezzük ki, amiért csatlakozott hozzánk ezen a kulináris kalandon a Szultánság nyüzsgő gasztronómiai táján. Reméljük, hogy ezek a receptek nemcsak az ízlelőbimbóidat nyűgözték le, hanem bepillantást engedtek az ománi kultúra szívébe és lelkébe is.

Ez a szakácskönyv több, mint receptek összeállítása; ez egy tisztelgés az ománi konyha hitelessége és az emberek előtt, akik nagylelkűen megosztották kulináris örökségüket. Miközben ízlelgeti ezen ételek utolsó falatait, arra biztatjuk, hogy vigye be az ománi ízek szellemét saját konyhájába, hidat teremtve a kultúrák között, és elősegítve e gyönyörű ország gazdag kulináris hagyományainak megbecsülését.

Legyenek olyan maradandóak az e receptek körül keletkezett emlékek, mint az őket inspiráló évszázados hagyományok. Köszönjük, hogy a "Omán gazdag ízei" részévé tette kulináris utazásának. Amíg útjaink újra keresztezik egymást a finom felfedezések, a jó főzés és a "bil hana wa shifa" világában (egészségedre és boldogságodra)!

www.ingramcontent.com/pod-product-compliance
Lightning Source LLC
Chambersburg PA
CBHW071328110526
44591CB00010B/1063